Kerstin Helbig

Sylt ohne Geld

Kerstin Helbig

Sylt ohne Geld

101 großartige Dinge, die Du auf Sylt kostenlos erleben kannst

CIRCUS MAXIMUS

Bibliografische Information der Deutschen Nationalbibliothek
Die Deutsche Nationalbibliothek verzeichnet diese Publikation in der Deutschen Nationalbibliografie. Detailliete bibliografische Daten sind im Internet über http://dnb.d-nb.de abrufbar.

Für Fragen und Anregungen:
info@riva-verlag.de

1. Auflage 2018

Nymphenburger Straße 86
D-80636 München
Tel.: 089 651285-0
Fax: 089 652096

Umschlaggestaltung: Pamela Machleidt
Umschlagabbildung: pixabay und dronepicr/Wikimedia Commons
Layout: Pamela Machleidt
Satz: inpunkt[w]o, Haiger (www.inpunktwo.de)
Druck: Florjancic Tisk d.o.o., Slowenien
Printed in the EU

ISBN Print 978-3-7423-0608-1
ISBN E-Book (PDF) 978-3-74530-349-0
ISBN E-Book (EPUB, Mobi) 978-3-74530-350-6

Inhalt

Besondere Orte

Land & Leute

Freizeit

Kultur

Abenteuer

Familie

Sport

Sylt ohne Geld erleben

Sylt ohne Geld? Schon der Titel dieses Buches räumt mit einem Vorurteil über die Insel auf, die für viele die schönste Deutschlands ist. Natürlich zieht es die Schönen und Reichen hierher, und doch gibt es noch immer viele Orte auf Sylt, die sich ihre Einfachheit und Ursprünglichkeit bewahrt haben. Noch immer warten auf den Besucher zahlreiche Erlebnisse, die man mit Geld nicht kaufen kann. Die Entdeckung des Sylter Auenlandes etwa, der Rummelpott-Grusel in den Raunächten oder aber das romantische Picknick am nördlichsten Weinberg Deutschlands.

Dieser kleine Reiseführer lädt dich ein, Sylt fernab von jeglichem Konsumzwang zu entdecken, in die Geschichte der Insel einzutauchen und Orte und Gebäude mit einem Blick für besondere Details wahrzunehmen. Wie leicht etwa übersieht man die rote Galionsfigur über dem Eingang des Friesenhofs in Wenningstedt oder das ins Friesische übersetzte Vaterunser in der Kapelle im selben Ort.

Du erfährst außerdem, warum du einen Angler auf Sylt mit einem Wattwurm glücklich machst. Wo du einen Seestern streicheln kannst. Wo du mit Buddha am Strand chillen oder Austernfischer bei der Arbeit beobachten kannst. Wann der beste Zeitpunkt ist, das legendäre Meeresleuchten zu beobachten und warum du unbedingt einmal eine Nachtwanderung zum Morsum Kliff unternehmen solltest.

Über die Autorin: Kerstin Helbig wurde 1969 geboren und arbeitet seit mehr als zehn Jahren als freie Autorin und Texterin. Mehrere Jahre betreute sie den Sylt-Blogs eines renommierten deutschen Reiseunternehmens und tauchte so tief in die Geschichte und Geheimnisse der Insel ein.

Sylt
im Steckbrief

Einwohnerzahl: 18.000 Einwohner je km²: 180

Auch bekannt als:
Schönste Insel Deutschlands, Insel der Schönen und Reichen, Saint-Tropéz des Norden

Typisch Sylt? Wichtige Assoziationen und Vorurteile:
Westerland, Dünen, Kampen, Hindenburgdamm, Wind, Nordsee, Strandkorb, Jet Set, Tee, Hörnum, Tinnum, Keitum, Wellen, Brandung, Salz, Möwen, Surfen, Kliff, Sommerfrische, Schafe, Krabben, Muscheln, Wattenmeer, vom Untergang bedroht

Sylt als Playlist:
1. »Junge, komm bald wieder« – Freddy Quinn (Seemannsromantik satt)
2. »Take Me To The Water« – Nina Simone (Der Song zur Einsamkeit in der Blidselbucht)
3. »Deiche« – Kettcar (Wie ein Sommertag in Westerland)

BESONDERE ORTE

1. Tanke Kraft in den Tinnumer Wiesen.

In Nordfriesland gibt es einige Kraftorte. Dabei handelt es sich um geweihte und geschichtsträchtige Plätze, umgeben von ursprünglicher Natur. Bei einem Spaziergang oder einer Radtour durch die Tinnumer Wiesen ist zum Beispiel die kreisförmige Wallanlage nicht zu übersehen. Einst besaß Sylt drei Burgen. Während die Archsum-Burg komplett zerstört wurde und die Dünen die Rantum-Burg unter sich begruben, ist die Tinnumburg als Wallanlage erhalten geblieben. Ausgrabungsfunde lassen darauf schließen, dass die Tinnumburg bereits vor Christi Geburt bestand und damit zu den ältesten Ringwallanlagen in Schleswig-Holstein zählt. Einst diente die Burg vermutlich als germanische Kultstätte. Im Mittel-

Kraftort: die Tinnumer Wiesen

alter vermuten Kunsthistoriker die Nutzung als Zwingburg. Überlegungen, die Anlage zu einem Freilichtmuseum auszubauen, wurden nach dem Zweiten Weltkrieg aufgegriffen, aber nicht verwirklicht. Die Überreste der Tinnumburg können entlang eines Holzstegs umrundet werden. Ein Rastplatz bietet Sitz- und Grillmöglichkeiten. Romantiker erklimmen die Wallanlage und lassen den Charme des magischen Ortes im hohen Gras sitzend auf sich wirken. Unweit der Tinnumburg befindet sich mit dem Döplem ein kleiner See, welcher vermutlich in vergangener Zeit weit größer war.

Standort: Tinnumer Wiesen, Tinnum • **Öffnungszeiten:** 24 Stunden, täglich • **Wie kommt man hin?** Mit dem Rad oder zu Fuß ab Tinnum, Bus Nr. 3 bis Tinnum/ Mitte, Wanderwege aus Richtung Ortszentrum und Campingplatz

LAND & LEUTE

2. Erlebe das legendäre Biikebrennen.

Auch im Winter hat Sylt seine Reize. Viele Urlauber haben sich den 21. Februar dick im Kalender angestrichen. Dann kommen sie auf die Insel, um mit dem Biikebrennen eine uralte friesische Tradition zu erleben. Gerät die Insel mitten im Winter in Feierlaune, ist dies einem alten Brauch geschuldet. Einst wurden die Walfänger mit den Biikefeuern nach dem Winter auf das Meer verabschiedet. Der Brauch selbst ist weit älter, geht auf heidnische Zeit zurück und sollte Gott Wodan gnädig stimmen. Wenn die Friesen und ihre Gäste sich heute mit Fackeln bewaffnen und zum Strand wandern, möchten sie ausgiebig feiern, die ausgedienten Weihnachtsbäume den Flammen übergeben und den Winter in seine Schranken weisen. Es handelt sich übrigens auch um den einzigen Tag im Jahr, wo den Insulanern Zündeln erlaubt ist, denn Silvesterfeuerwerk ist auf der Insel untersagt. Ein Besuch des Biikebrennens gibt weiterhin Gelegenheit, der Inselsprache Söl'ring zu lauschen und die Inselhymne »Üüs Söl'ring Lön« anzustimmen.

Standort: alle Inselorte • **Termin:** 21. Februar, zwischen 18 und 19 Uhr • **Weitere Infos und Termine:** www.sylt-tv.com • **Wie kommt man hin?** Individuelle Anreise über die Inselstraße

Idyllische Feuer beim Biikebrennen

3. Gewinne den Krabbenpul-Wettbewerb beim Hörnumer Hafenfest.

Der Hörnumer Hafen ist als stimmungsvoller Inselmittelpunkt immer einen Besuch wert. Hier können die Schiffe bestiegen werden, welche Touristen zu den Halligen bringen und zur Beobachtung der Robben vor der Küste einladen. Am ersten Augustwochenende verwandelt sich das Hafengelände in eine bunte Flaniermeile. Geboten wird ein buntes Programm für Jung und Alt. Maritimes steht im Vordergrund. Die Gäste können verschiedene vor Anker liegende Schiffe besichtigen und mehr über die Arbeit der Wasserschutzpolizei erfahren. Für Romantiker sind die Ausflüge mit den historischen Segelschiffen ein bleibendes Erlebnis. Die Sylter Surfschule lädt ein, Bekanntschaft mit dem Brettern, die für viele die Welt bedeuten zu schließen. Zu einer schönen Tradition geworden ist der alljährliche

Nordsee-delikatesse: Sylter Krabben

Krabbenpul-Wettbewerb. Ebenso können sich Besucher einer Wattführung anschließen. Auf der Bühne werden verschiedene Live Acts geboten. Nicht fehlen darf dabei Maritimes vom Sylter Shantychor.

Standort: Hörnum, Hafengelände • **Termin:** August, drei Tage • **Weitere Infos und Termine:** www.hocrnum.de • **Wie kommt man hin?** Über Westerland, Tinnum, Rantum, Hörnum, Bus Nr. 2 bis Hörnum Hafen

4. Lerne das Vaterunser auf Friesisch.

LAND & LEUTE

Die Friesenkapelle in Wenningstedt zählt zu den jüngsten Kirchen auf Sylt. Im Kriegsjahr 1914 wurde der Grundstein für das Gotteshaus gelegt. Vorab war es für die Einwohner recht beschwerlich, den Gottesdienst zu besuchen. Sie mussten sich in das acht Kilometer entfernte Keitum aufmachen. Die kleine Kapelle, unweit

Die Friesenkapelle in Wenningstedt

des Dorfteiches, hat einige Besonderheiten zu bieten und wird viele Besucher zum Staunen bringen: Sie ist nämlich im Stil eines alten Kapitänshauses gestaltet. Den maritimen Charakter der Kapelle unterstreicht die Halbtonnendecke, welche mit Delfter Kacheln verziert ist. Die biblischen Darstellungen und Bauernmalereien verleihen dem Gebäude einen ganz besonderen Charme. Während der Altar eher schlicht erscheint, sorgt das Votivschiff über dem Eingang umso mehr für Eindruck. Es zeugt vom feierlichen Gelübde eines Seemannes, Gott ein Schiff zu vermachen, wenn dieser ihn aus der Seenot rettet. Unter der Kassettendecke verläuft ein Spruchband, welches das Vaterunser auf Friesisch wiedergibt.

Standort: Bi Kiar 3, Wenningstedt • **Öffnungszeiten:** zu Gottesdiensten und Veranstaltungen • **Weitere Infos und Termine:** www.friesenkapelle.de • **Wie kommt man hin?** Über Westerland, Norderstraße, Westerlandstraße, Bus Nr. 1 bis Hauptstraße

FREIZEIT

5. Zähle die Liebesschlösser in List.

Bei Verliebten steht Sylt hoch im Kurs. Vielleicht, um eng umschlungen am Strand zu liegen, Sonnenuntergänge zu genießen, den ersten Kuss oder den heiß ersehnten Heiratsantrag an den Mann oder die Frau zu bringen oder vielleicht sogar, um im Leuchtturm Hörnum zu heiraten. Etwas von diesen unvergesslichen Tagen bleibt auf der Insel zurück, wenn man sich mit einem Liebesschloss verewigt. Was entlang der Kölner Rheinbrücke zum Kult geworden ist, kann auch auf Sylt ganz legal über die Bühne gehen. Am Dorfteich von Wenningstedt sind die kleinen Schlösser ebenso zu finden, wie in List, wo es zur schönen Tradition geworden ist, nach einer an der Hafenmole vollzogenen Schiffstrauung Liebesschlösser anzubringen. Die Mole war dem Gewicht der Schlösser auf Dauer allerdings nicht gewachsen. Die Lister haben daher reagiert und ein Metallherz in Auftrag gegeben, welches nun drei Tonnen Schlösser aufnehmen kann. An den 18 Streben finden 9.000 Herzen Platz. Sollte diese Zahl einmal erreicht sein, kündigt die Gemeinde an, weitere Herzen folgen zu lassen. Es wird also immer einen Platz für die Liebe auf Sylt geben. Wer das Anbringen des Schlosses versäumt hat, kann Liebesschlösser und deren Anbringung in List unter www.syltiges.de in Auftrag geben. Ein Foto vom angebrachten Schloss bekommt man per Mail.

Standort: List, Hafen • **Termin:** 24 Stunden, ganzjährlich • **Wie kommt man hin?** Westerland, Wenningstedt, Kampen, List, Bus Nr. 1 bis List/Hafen

6. Spaziere auf dem Kunst- und Kulturpfad Kampen.

KULTUR

Kampen ist seit jeher ein Quell der Inspiration, ein Ort des kreativen Schaffens und daher ein beliebtes Domizil für Künstler. Damit der Besucher nicht achtlos an den mittlerweile sehr zahlreichen Stationen des künstlerischen Wirkens in Kampen vorübergeht, wurde im Jahre 2008 der Kunst- und Kulturpfad eröffnet. Dieser ehrt die Kampener Künstler und öffnet Jedermann Tür und Tor zu Kultur und Kunstverstand. Und es macht einen

Spaziergang ja gleich noch sehr viel inspirierender, wenn man dabei bekannten Persönlichkeiten begegnet, welche in Kampen wirkten oder sogar ein neues Zuhause gefunden hatten. Der Kampener Kunstpfad wird stetig ausgebaut und umfasst bereits mehr als 30 Stationen. Auf den Bronzeguss-Platten, welche an markanten Positionen im Ort aufgestellt wurden, wird an Maler, Schriftsteller, Verleger oder andere Persönlichkeiten des öffentlichen Lebens erinnert. Jede Gedenkstelle verfügt über einen QR-Code, über den Interessierte weitere Informationen zum jeweiligen Künstler abrufen können. Diesen Spaziergang, der nicht nur schlank, sondern auch schlau macht, sollte sich niemand entgehen lassen. Der Kampener Künstler Thomas Landt bietet auch geführte Rundgänge an, Informationen über Knud Ahlborn, Walther Baedeker, Max Frisch und viele weitere mit Sylt verbundene Künstler inklusive. Diese allerdings kostenpflichtigen Rundgänge finden immer dienstags statt.

Standort: Ortsgebiet Kampen • **Öffnungszeiten:** 24 Stunden, ganzjährlich • **Weitere Infos und Termine:** Rundgänge buchbar unter: 04651/46980 • **Wie kommt man hin?** Westerland, Wenningstedt, Kampen, Bus Nr. 1 bis Kampen/Mitte

ABENTEUER

7. Beweise Mut beim Sylter Weihnachtsbaden.

Wenn man unter dem Christbaum im warmen Zimmer zusammensitzt, scheint der Gedanke an ein Bad in der Nordsee doch recht abwegig. Doch auf Sylt ist er Programm und jedes Jahr am 2. Weihnachtsfeiertag

Bereit fürs Weihnachtsbaden?

wird dieses waghalsige Unterfangen von nicht wenigen mutigen Wasserratten in die Tat umgesetzt. Die Idee für das Event entstammt einer Wette, die Mitte der 1980er Jahre in einer Sylter Bar besiegelt wurde. Die angeheiterten Sylter holten sich damals kalte Füße und legten den Grundstein für eine Tradition, die mehr als 30 Jahre später nach wie vor regen Zulauf erfährt. Die Promenade von Westerland bietet den besten Blick auf die Weihnachtsbader, welche, teils kostümiert, teils hüllenlos, sich in das etwa fünf Grad kalte Wasser stürzen. Die Schaulustigem sind nicht selten dabei zu beobachten, wie sie sich die Pudelmützen noch etwas tiefer in die Stirn ziehen, um sich vor dem eisigen Wind zu schützen, welcher den Sylter Winter begleitet. Auf großartige

Schwimmkünste der Akteure kommt es nicht an. Vielmehr geht es darum, gemeinsam Spaß zu haben und diesen traditionellen Inselbrauch weiterhin am Leben zu halten. Nach dem Bad in der Nordsee wärmen sich die Teilnehmer bei Punsch und Glühwein auf und sind einstimmig der Meinung: »Nächstes Jahr sind wir wieder dabei«.

Standort: Brandenburger Strand, Westerland • **Termin:** jährlich 26. Dezember • **Wie kommt man hin?** Westerland, Friedrichstraße, Strand, Bus Nr. 1 bis Westerland/ZOB

FREIZEIT

8. Lies einen Sylt-Krimi.

2007 begann Gisa Pauly die kriminalistischen Abenteuer der italienische Miss Marple Mamma Carlotta niederzuschrieben, die auf Sylt ihrem Schiegersohn, dem Kommissar Erik Wolf, bei seinen Ermittlungsarbeiten immer wieder unter die Arme greift. Mittlerweile gibt es ganze 11 Bände der unterhaltsamen Krimi-Reihe, in der man immer wieder über bekannte Ortschaften und Inseleigenheiten stolpert. Und obwohl die Paulys Sylt-Geschichten allesamt fiktiv sind, hat man das Gefühl die Insel durch die Bücher von einer eigenartig privaten Seite kennenzulernen. Neben den Geschichten von Gisa Pauly gibt es noch eine ganze Reihe weiterer Sylt-Krimis. Ben Kryst Tommasson lässt seine Heldin Kari Bloom ermitteln, Sabine Weiß schickt Liv Lammers auf Verbrecherjagd und die Autorin Eva Ehley hat in den letzten Jahren für ihr dreiköpfiges Sylter Ermittlerteam bereits eine riesige Fangemeinde erschrieben.

9. Chille mit Buddha am Rantumer Strand.

Wer heute in der kultigen Strandbar »Sansibar« einkehrt, hat nicht etwa zu tief ins Glas geschaut, wenn er gleich gegenüber einen im Sand liegenden Buddha erblickt. Der steinerne Buddha scheint in sich selbst versunken und erinnert an eine Zeit, wo der Buddhismus für die Insel allgegenwärtig war. Eigentlich war der in Ostpreußen geborene Paul Dahlke Arzt. Seine Praxis florierte und ermöglichte ihm ein sorgenfreies Leben und Reisen nach Fernost. Im Jahre 1900 studierte er in Ceylon den Buddhismus und kam als bekennender Buddhist nach Deutschland zurück. Nachdem er auf Sylt Land erworben hatte, begann Dahlke seine ehrgeizigen Projekte umzusetzen. In Wenningstedt entstand ein Wohnhaus, wo er auch Patienten empfing. Ebenso ließ er das größte Buddha-Denkmal Europas auf Sylt errichten. Doch damit waren seine Visionen noch nicht erschöpft. Allein der Bau des Hindenburgdamms verhinderte die Entstehung seines »Buddhistischen Hauses« auf Sylt. Dieses wurde letztlich in Berlin errichtet und existiert bis heute. Das Sylter Buddha Denkmal wurde 1939 abgerissen. Dahlke selbst starb 1928 und musste seinen Lebenstraum damit nicht sterben sehen. Erhalten blieb das Wohnhaus (Westerlandstraße 5, Wenningstedt-Braderup), wo eine hölzerne Buddhastatue eine aus etwa 5.000 Bänden bestehende Bibliothek bewacht. Das Haus befindet sich in Privatbesitz.

Standort: Hörnumer Str. 80, Rantum • **Öffnungszeiten:** 24h • **Wie kommt man hin?** Westerland, Norderstraße, Westerlandstraße, Bus Nr. 3 bis Hörnum Mitte

LAND & LEUTE

10. Beobachte die Austernfischer in der Blidselbucht.

Bis Anfang des vergangenen Jahrhunderts stand die Austernfischerei auf Sylt hoch im Kurs. Doch dann ging Tradition verloren, bis sie von der Dittmeyer's Austern-Compagnie in der Blidselbucht vor List 1985 wiederbelebt wurde. Heute ist die sogenannte Sylter Royal-Auster ein eingetragenes Markenzeichen und repräsentiert die einzige deutsche Austernzucht. In List öffnet auch eine Austernprobierstube Feinschmeckern ihre Pforten. Dort darf nicht nur geschlemmt werden, sondern man kann auch einen Blick auf die Aufzuchtbecken werfen und mit den Betreibern fachsimpeln. Austern können auf verschiedene Weise gezüchtet werden. Auf Sylt geschieht dies in so genannten Tischkulturen im Wattenmeer. Die Austern werden dabei in Netzsäcke gefüllt und auf Eisengestellen positioniert. Diese Prozedur ist sehr aufwendig. Die bis zu 15 schweren Säcke, sogenannte Poches, müssen nämlich in Bewegung bleiben und werden daher häufig von Hand gewendet. Zudem müssen die Austernsäcke per Hand von Tang befreit werden. Die Aufzucht einer neuen Austerngeneration dauert insgesamt zwei Jahre. Den Winter verbringen die Austern allerdings nicht im Meer, sondern in den Aufzuchtbecken des Lister Betriebes, wo man sie mit frischem Meerwasser versorgt. Das ist nötig, da in der kalten Jahreszeit möglicher Eisgang im Wattenmeer die Austern töten würde. Doch selbst, wenn die Austernfischer nicht zugange sind, lohnt der Besuch der Blidselbucht. Bei Vielen gilt der abgeschieden gelegene, ursprüngliche Uferstreifen als einer der schönsten der Insel.

Standort: Austernprobierstube, Hafenstraße, List • **Öffnungszeiten:** täglich 11.30-22 Uhr, November-April bis 20 Uhr • **Weitere Infos:** www.sylter-royal.de, Tel.: 04651-870860 • **Wie kommt man hin?** von Westerland in Richtung Lister Hafen, Listlandstraße, Hafenstraße, Bus Nr. 1 bis List Hafen

BESONDERE ORTE

11. Besuche das Bunker-Café Kupferkanne.

Günter Rieck war nicht nur Bildhauer, sondern auch Oberleutnant der Kriegsmarine. Nach Kriegsende ging er in Hörnum an Land und bekam einen Flakbunker in der Abgeschiedenheit des Kampener Watts als Unterkunft zugewiesen. Rieck ließ sich häuslich nieder,

Café im Bunker: die Kupferkanne

schlug ein Fenster in die Bunkerwand und schuf sich ein Atelier. Dort entstanden fortan Vasen und andere Kunstwerke aus Wattschlick. Das Künstlerdomizil wurde bald zum Treffpunkt einer illustren Gästeschar. Darunter auch Bunker-Nachbar Ernst von Salomon, welcher in Kampen sein viel beachtetes Nachkriegswerk »Der Fragebogen« verfasste. 1950 wurde aus der Künstlerwohnung ein Künstlerlokal. Verwinkelte Gänge wurden angelegt und Kerzenlicht erhellte die kleinen, halb unterirdisch liegenden Räume. Ein magischer Ort ist die Kupferkanne bis heute geblieben. Hier gingen zahllose Prominente ein und aus, hier fanden anregende Gespräche und schicksalhafte Begegnungen statt. Ob in den Räumlichkeiten selbst oder im angrenzenden Kaffeegarten, die Kupferkanne ist Kult, der Kaffee wird vor Ort geröstet und der Kuchen entsteht in der hauseigenen Backstube täglich frisch.

Standort: Stapelhooger Wai 7, Kampen • **Öffnungszeiten:** Sommersaison, täglich 10-18 Uhr, Winterhalbjahr Mo-Fr 12-17 Uhr, Sa/So 11-17 Uhr • **Weitere Infos:** www.kupferkanne-sylt.de • **Wie kommt man hin?** Bus Nr. 1 bis Kampen Zentrum

FREIZEIT

12. Schwitze in einer Strandsauna.

Im Sommer schwitzt auf Sylt natürlich jeder am liebsten in der Sonne. Doch wenn das Wetter im Herbst oder Winter einmal nicht mitspielt, ist einer der zahlreichen Strandsaunen auf der Insel, eine heiße Alternative zum Sonnenbaden. Und das ganz ohne Sonnenbrandgefahr.

Schwitzen mit Blick aufs Meer

Der Besuch in einer Strandsauna ist ein ganz besonderes Erlebnis. Erst schwitzt man mit Blick auf Strand und Meer, dann verschafft man sich Abkühlung auf der angrenzenden Terrasse. Besonders mutige Saunagänger können sich bis in den Spätherbst hinein sogar in die Nordseefluten stürzen. In List gibt es beispielsweise gleich drei solcher Blocksaunen direkt am Strand. Relaxt werden kann in den bereitgestellten Strandkörben. Am Rantumer Samoa Strand sorgt ein riesiges Panoramafenster für einen ungetrübten Meerblick der Saunagäste. Der Startschuss für das Strand-Saunieren auf Sylt fiel jedoch am Hörnumer Weststrand. Das war bereits vor über 40 Jahren. Heute kann hier eine Bio-Sauna besucht werden. Über eine Holztreppe gelangt man außerdem direkt zum FKK-Strand.

Standort: verschiedene Inselorte • **Öffnungszeiten:** ab 11 Uhr, Tageskarten 14 bis 17 Euro • **Wie kommt man hin?** individuelle Anreise über die einzelnen Inselorte

FREIZEIT

13. Ernte Sylter Erdbeeren.

Sobald die Sonne lachte, wachsen auf den Sylter Erdbeerfeldern wahre Vitaminbomben heran. Auch der Sylt-Urlauber kann sie sich schmecken lassen und sogar selbst ernten. Auf der Insel wurde vor über 30 Jahren damit begonnen, Erdbeeren gezielt zu kultivieren. Die ersten Beeren wurden von Tina und Eckehard Volquardsen in Morsum angebaut. Die Familie blieb den süßen Früchtchen bis heute treu und hat in Braderup das Erdbeerparadies Sylt etabliert. Etwa 60.000 Pflanzen wachsen und gedeihen auf den Braderuper Wiesen. Die ersten Früchte können bereits im Juni geerntet werden. Das Erdbeerparadies ist auch einen Besuch wert, wenn man nicht die Körbe füllen möchte. Es darf auch nur genascht oder geschaut werden. Man kann den Hofladen besuchen und die dort von der Firmenchefin eigens hergestellte Erdbeermarmelade erwerben oder auf den Erdbeerfeldern die Natur genießen und nebenbei von den saftigen Früchten naschen. Erdbeeren direkt vom Feld gibt es zur Erntezeit mittwochs und samstags zwischen 7 und 13 Uhr auch auf dem Bauernmarkt in Westerland.

Standort: Terpwai 17, Wenningstedt-Braderup • **Öffnungszeiten:** Di-Fr 10-17 Uhr • **Preise:** Eintritt: 3 Euro Eintritt, Erdbeeren: 2 Euro pro Pfund, Naschen: umsonst • **Weitere Infos:** www.erdbeerparadies-sylt.de • **Wie kommt man hin?** Bus Nr. 3/3a bis Wenningstedt Siedlung

14. Streichle einen Seestern.

ABENTEUER

Die katholische Kirche in Hörnum machte eine erstaunliche Wandlung durch. Seit 2013 ist in dem Gotteshaus nämlich eine Arche gestrandet: Die Kirche wird nun von der Schutzstation Wattenmeer als Begegnungszentrum genutzt. Die Nutzung des Gebäudes wurde zunächst auf 30 Jahre festgeschrieben. Wer sich über die Zweckentfremdung wundert, kann sich wenigstens mit dem Gedanken trösten, dass sich die Schutzstation Wattenmeer nichts Geringeres als die Bewahrung der Schöpfung auf die Fahnen geschrieben hat. Auf 260 Quadratmeter ist eine abwechslungsreiche Ausstellungsfläche mit Aquarien, Schautafeln und verschiedenen Präparaten. Hier können die Bewohner des Wattenmeeres hautnah beobachtet werden. Zentrales architektonisches Element der Ausstellung ist eine hölzerne Arche, welche sich über zwei Etagen erstreckt. Ein Besuch mit der ganzen Familie lohnt. Besucher werden Kegelrobbe, Seehund und Schweinswal kennenlernen, Bekanntschaft mit Krebsen und Haien machen und sogar einen Seestern streicheln können. Weiterhin gibt es viel Wissenswertes über die Ferieninsel zu erfahren. Wer interessante Strandfunde gemacht hat, kann diese hier bestimmen lassen und für den kleinen Hunger ist das Café Leuchtturm der ideale Ankerplatz.

Standort: Rantumer Straße 33, Hörnum • **Öffnungszeiten:** ab Ende März Di-So 10 bis 18 Uhr • **Preise:** Erwachsene 6 Euro, Kinder 3 Euro • **Weitere Infos und Termine:** www.schutzstation-wattenmeer.de • **Wie kommt man hin?** Westerland, Rantumer Straße, Hörnumer Straße, Bus Nr. 2 bis Rantum Mitte

BESONDERE ORTE

15. Entdecke das Sylter »Auenland«.

Wer sich auf Sylt in den Süden nach Hörnum verirrt, sollte unbedingt einen Blick auf die in den Dünen versteckte Kersig-Siedlung werfen. Nicht etwas, weil es sich bei den Häusern um sehr begehrte (und sehr teuren) Immobilien handelt, sondern weil die in den sechziger Jahren in die Heidelandschaft gebaute Siedlung einen merkwürdig bekannten, lieblichen Charme versprüht. Also blickt man über die sanft geschwungenen grünen Hügel, auf die in den Niederungen eingebetteten Häuschen und plötzlich macht es klick: das Auenland! Wenn man es nicht besser wüsste, hätte Peter Jackson für die Verfilmung seiner viel gerühmten »Herr der Ringe«-Saga gar nicht bis nach Neuseeland reisen müssen. Sylt, genauer gesagt Hörnum, hätte es auch getan.

Standort: Hörnum • **Wie kommt man hin?** Bus Nr. 2 bis Hörnum

Sanfte, grüne Hügel wie im Auenland

16. Genieße das friesische Nationalgetränk im Teekontor.

Was wäre ein Aufenthalt an der Nordsee ohne eine Tasse heißen Friesentee. Im Keitumer Teekontor wird diese leckere Tradition lebendig gehalten und zugleich der friesischen Lebensart gehuldigt. Tee ist Genuss und Kultur. Dessen wird man sich augenblicklich bewusst, wenn man das Teekontor betritt. Klischees wie Klöntjes und kitschiges Teegeschirr bleiben hier vor der Tür. Das traditionelle Teehaus gibt sich eher unkonventionell und weltoffen. So ist der einstige kleine Teehandel zu einer Institution geworden. Heute gibt es hier nicht nur Tee in allen Variationen, auch Live-Konzerte werden geboten und im Gästehaus lässt es sich stilvoll übernachten und wer gerade mal nicht auf Sylt Urlaub macht, kann im Onlineshop zumindest seinen Teevorrat aufstocken. Der Hausherr hat sich tüchtig ins Zeug gelegt und ein kleines Gesamtkunstwerk geschaffen. Wer in der Teestube vor seinen dampfenden Tassen sitzt, blickt zugleich auf eine ansprechende aber nicht überladene Dekoration. Viel Liebe zum Detail wird deutlich. Regelmäßig finden Ausstellungen und Teeseminare statt. Zum Kauf angeboten werden, neben Tees und Teezubehör, auch ausgesuchten Antiquitäten und Designobjekte.

Standort: Siidik 15, Keitum • **Öffnungszeiten:** Mo-Sa 10-18 Uhr, So 10-13 Uhr • **Weitere Infos:** www.kontorhauskeitum.de • **Wie kommt man hin?** Westerland, Keitumer Landstraße, Bus Nr. 3/3a bis Keitum Mitte

Kultur

17. Lass dich von den Schicksalen auf dem Friedhof von St. Severin berühren.

Ein Spaziergang über den Keitumer Friedhof versetzt den Besucher in eine ganz besondere Stimmung. Die Grabsteine aus vergangener Zeit verraten nicht nur, wer hier seine letzte Ruhestätte gefunden hat und wann er gestorben ist, es wurden ganze Lebensgeschichten auf Stein gebannt. Hier ist von der großen Liebe zu lesen, die auf See blieb, von Sehnsucht und Hoffnung, von bewegten Familienschicksalen und viel zu früh zerplatzen Lebensträumen. Der Friedhof an der St. Severin Kirche zählt zu den beeindruckenden Begräbnisstätten im Nordseeraum. Die ältesten Grabsteine wurden im 17. Jahrhundert aufgestellt. Die Friedhofsgeschichte geht bis auf das 13. Jahrhundert zurück. Mehrmals musste die Anlage erweitert werden. Heute ist der Gottesacker von einem Friesenwall umgeben und kann durch fünf weiße Tore betreten werden. Mitte des 19. Jahrhunderts bekam der Keitumer Friedhof seine heutige Form. Die ältesten Sandsteinplatten sind im »Urwäldchen«, im südlichen Bereich des Friedhofes zu finden. Neben zahlreichen Kapitänsgräbern finden sich auf dem Friedhof von St. Severin auch die letzten Ruhestätten von Verleger Peter Suhrkamp, Schauspieler Ernst Otto Fuhrmann oder Maler Ernst Mollenhauer.

Standort: St. Severin Kirche, Proestwai 20, Keitum • **Öffnungszeiten:** täglich 10-16 Uhr • **Wie kommt man hin?** Bus Nr. 3 bis St. Severin Kirche

Berührende Schicksale in St. Severin

LAND & LEUTE

18. Biete bei der Sylter Strandkorbversteigerung mit.

Im Sommer sind sie Rastplatz, Blickfang und zweites Zuhause vieler sonnenhungriger Urlauber – die Strandkörbe an den Sylter Stränden. Im Oktober erfolgt der Umzug in die Strandkorbhallen auf der Insel. Immer wieder werden dabei verschiedene Strandkörbe ausgemustert. Ihre Glanzzeiten sind zwar vorbei, zum alten Eisen gehören Sie aber noch lange nicht. Daher findet alljährlich im Lister Erlebniszentrum Naturgewalten eine Strandkorbversteigerung statt. Die Veranstaltung hat sich in den letzten Jahren zu einem wahren Publikumsmagneten entwickelt, denn wer wünscht sich nicht ein Stück Urlaubserinnerung auf der heimischen Terrasse. Und das auch noch zu einem richtig guten Preis? Mit etwas Glück sind auf der Strandkorbversteigerung wahre Schnäppchen zu machen. Das Flair der Veranstaltung

Nervenkitzel auf der Strandkorb-Versteigerung

ist ein ganz Besonderes und auch wer überboten wurde, wird die Extraportion Nervenkitzel, welche das Event mit sich bringt, genießen können. Der Termin für die jährlichen Auktionen wird rechtzeitig bekannt gegeben. Vorab sind natürlich Besichtigungen der Strandkörbe möglich, so dass man sich seine persönlichen Favoriten schon einmal ausgucken kann. Von der Kurverwaltung gibt es zudem einen eigenen Auktionskatalog.

Standort: Erlebniszentrum Naturgewalten, Hafen Str. 37, List • **Termin:** jährlich im Oktober • **Preise:** Einstiegsgebot 85 Euro • **Wie kommt man hin?** Bus Nr. 1 bis List Hafen

19. Atme den Geist Hollywoods am Munkmarscher Hafen.

KULTUR

Der Munkmarscher Hafen erlangte schon früh Berühmtheit auf Sylt, galt er doch einst als Hauptverkehrsknotenpunkt der Insel. Hier legten die Fährschiffe an und die Touristen mussten, als es noch keinen Hindenburgdamm gab, mit Kutschen nach Westerland gebracht werden. Heute ist es ruhiger geworden in Munkmarsch, lediglich einige Segelboote liegen im Hafen. Besucher finden hier vor allem Ruhe und Beschaulichkeit. Doch vor einigen Jahren erlebte der Munkmarscher Hafen eine stürmische Zeit, welche keiner der Sylter so schnell vergisst. Starregisseur Roman Polanski setzte nämlich auf deutsche Drehorte, als er im Jahre 2009 die Romanverfilmung »The Ghostwriter« umsetzte. Sylt waren die Szenen zugedacht, die eigentlich auf der Insel Martha's Vineyard in Neuengland spielen sollten. Kein Wunder also, dass dem kleinen Hafen einige Veränderungen ins Haus standen und hier plötzlich die amerikanische Fahne wehte, Fahrzeuge mit fremden Nummernschildern zu sehen waren und geschäftiges Treiben herrschte. Im Munkmarscher Hafen wurden auch die Kulissen zwischengelagert, die weiter zum Sylter Ellenbogen transportiert werden mussten, wo weitere Szenen gedreht wurden. 120 Filmleute waren damals in Kampen einquartiert. Für einige Sylter wurde es richtig spannend, sie hatten sich für Komparsenrollen beworben und konnten dann nicht nur einen Blick auf den grünen Anorak des Regisseurs erhaschen, sondern auch beobachten, wie die Feuerwehr für den ausgebliebenen Regen sorgte. Für die übrigen Inselbewohner blieb das Gelände weiträumig abgeschirmt. Schauen Sie sich den sehenswerten Film doch an einem freien Abend an, und erwandern Sie am nächsten Tag die Originalschauplätze.

Standort: Hafen Munkmarsch • **Öffnungszeiten:** 24 Stunden, ganzjährlich • **Wie kommt man hin?** Westerland, Keitum, Munkmarscher Chaussee, Bus Nr. 3 bis Munkmarsch Hafen

KULTUR

20. Triff den Meeresgott Triton an der Musikmuschel.

Die Musikmuschel an der Promenade von Westerland ist einer der Sylt-Treffpunkt schlechthin. Der Sommer wird beinahe täglich von Live-Konzerten begleitet und auch Gottesdienste finden hier regelmäßig statt. Die Tradition der Musikmuschel reicht bis in das Jahr 1879 zurück. Damals wurde ein hölzerner Pavillon aufgestellt und die beliebte Konzertreihe »Musik am Meer« aus der Taufe gehoben. Seit mehr als 100 Jahren können die Besucher der Musikmuschel vis-à-vis auf die Königstochter Europa und den Meeresgott Triton treffen. Die Monumentalfiguren wurden aus Muschelkalk geschaffen. Die Arbeit wurde vom Berliner Bildhauer Ludwig Manzel ausgeführt. Das sich die griechische Mythologie heute am Strand von Westerland wiederfindet, ist Emil Repphan zu verdanken. Der einstige Kurgast stiftete die Monumentalfiguren. Die Königstocher Europa thront auf einem Stier, Göttervater Zeus in Tiergestalt. Der Sohn Poseidons, Triton, bläst auf einer Schneckenschale und beschwört die Urkraft des Meeres herauf. Der Sturmbläser reitet auf einem aus Pferd und Fisch bestehenden Fabeltier. Der Hippokampen steht symbolisch für die bedrohlichen Naturgewalten des Meeres. Es lohnt also, nicht nur die Darbietungen in der Musikmuschel zu verfolgen, auch die illustren Zaungäste aus Muschelkalk verdienen Beachtung.

Standort: Strandstr. 35, Westerland • **Öffnungszeiten:** 24 Stunden, ganzjährlich • **Wie kommt man hin?** Westerland, Friedrichstraße, Strandpromenade, alle Busse bis ZOB

21. Gönn dir ein Fischbrötchen bei Gosch.

LAND & LEUTE

Wer auf Sylt dem kleinen Hunger ein Schnippchen schlagen möchte, steuert die nächste Fischbude an. Davon gibt es einige auf der Insel. Am Lister Hafen steht die

Ein Muss auf Sylt: das Fischbrötchen

nördlichste Fischbude Deutschlands und gleichzeitig der wohl legendärste Imbiss. Wer bei Gosch Station macht, trifft auf eine lebende Legende, immer freundlich, immer fröhlich, weiße Haare und ein rotes Halstuch als Markenzeichen. Jürgen Gosch ist der wohl prominenteste Fischhändler Deutschlands. Auf die Insel kam er Mitte der 1960er Jahre, der Arbeit wegen. Nach Feierabend versuchte sich Jürgen Gosch als fliegender Händler und lud sich einen Bauchladen voller Aale. Er fand Gefallen daran, frischen Fisch unters Volk zu bringen und eröffnete 1972 am Lister Hafen seinen ersten festen Verkaufsstand. Die weiße Bretterbude wurde schnell zur Institution auf Sylt. Doch dabei blieb es nicht. Heute besitzt Gosch auch Niederlassungen in Hamburg, Berlin oder Düsseldorf. Selbst auf hoher See werden die legendären Fischbrötchen serviert, und zwar den Passagieren der Kreuzfahrtdampfer »Mein Schiff«. Wer bei Gosch vorbeischaut, genießt sein Fischbrötchen nicht selten zusammen mit den Sylter Austern und einem Glas Champagner. Wer daheim Heißhunger auf leckeren Gosch-

Fisch bekommt, muss nicht einmal bis zum nächsten Urlaub warten: Der Sylter König der Fischbrötchen betreibt auch einen Versandhandel.

Standort: Am Hafen, List • **Öffnungszeiten:** täglich ab 10.30 Uhr • **Preise:** ab 4 Euro • **Weitere Infos:** www.gosch.de • **Wie kommt man hin?** Bus Nr. 1 bis List Hafen

22. Bestaune die Galionsfigur am Friesenhof.

KULTUR

Der Friesenhof zählt zu den ältesten Gebäuden auf Sylt. Der Grundstein wurde bereits im 17. Jahrhundert gelegt. Das Wirtshaus stand schon in Wenningstedt, lange bevor es dort eine Kirche gab. Die ersten Badegäste logierten hier Mitte des 19. Jahrhunderts. Der Friesenhof war nicht nur Wirtshaus mit Gästezimmer, er wurde für die Dorfbewohner zum Lebensmittelpunkt und zum kommunikativen Zentrum. Hier traf man sich, um Versammlungen abzuhalten, um Hochzeiten oder Geburtstage zu feiern, hier probte der Chor und hier besprach man sich, wenn wichtige Entscheidungen oder Wahlen anstanden. Ganz gleich, wer in den vergangenen Zeiten und wer in Zukunft den Friesenhof betrat oder betreten wird, der Blick fällt immer zuerst auf die imposante Galionsfigur über dem Eingang, welche nach der Restauration des Gebäudes im roten Kleid einmal mehr ins Auge fällt. Galionsfiguren waren einst an Segelschiffen angebracht, um den Kurs im Auge zu behalten und die Mannschaft vor Unglück zu bewahren. Auf welchen Weltmeeren sie unterwegs war und wie sie ihren Weg an den Friesenhof fand, darüber bewahrt sie Schweigen. Fakt ist, dass der maritime Charakter des Gebäudes immer im Vordergrund stand. Bereits im 19. Jahrhundert wurde die damalige Gastwirtschaft mit einer Schiffskajüte verglichen. Heute gehen Tradition und Moderne im Friesenhof Hand in Hand. Friesische Tradition mischt sich mit den innovativen Ideen der jungen Betreiber. Sehr hübsch ist übrigens auch der große Garten hinter dem Hotel.

Standort: Hauptstraße 26, Wenningstedt-Braderup • **Öffnungszeiten:** Hotel zwischen Ostern und November geöffnet, Ferienwohnungen ganzjährlich • **Weitere Infos und Termine:** www.sylt-friesenhof.de • **Wie kommt man hin?** Westerland, Norderstraße, Westerlandstraße, Bus Nr. 3 bis Friesenhof

ABENTEUER

23. Fahre mit einer Harley-Davidson über die Insel.

Sylt ist allgemein recht überschaubar, aber wie geschaffen, um ein kleines Stück von der großen Freiheit zu genießen. Dies finden jährlich zahlreiche Harley-Fans aus ganz Deutschland und dem Ausland. Dann ist die Insel mehrere Tage in Bikerhand. Etwa 700 blankgeputzte Harleys gibt es zu bestaunen. Wenn sich die Biker zu ihrer traditionellen Inselrundfahrt aufmachen, wird die Inselstraße von zahlreichen Schaulustigen gesäumt. Beim Start an der Westerländer Promenade können die Bikes bestaunt werden. Zu einem Zwischenstopp treffen die Biker im Lister Hafen zusammen. In Wenningstedt findet die Tour ihr Ende und die stolzen Besitzer sind gern zum Fachsimpeln bereit. Das Finale wird von einem Rockkonzert begleitet. Die Teilnehmer stammen dabei nicht nur aus Deutschland, sondern auch aus Österreich oder der Schweiz. Sie sind stolz auf ihre Fahrzeuge und plaudern mit interessierten Gästen gern aus dem Nähkästchen. Wenn die Bikes sich entlang der Dünenstraße positionieren, können die Maschinen ausgiebig in Augenschein genommen werden. Vielleicht lassen sich die Biker auch zur einen oder anderen Probefahrt überreden. Mehr Freiheitsgefühl geht nicht.

Standort: Westerland, List, Wenningstedt • **Termin:** Mai oder Juni, drei Tage • **Weitere Infos und Termine:** www.harleysite.de • **Wie kommt man hin?** Bahnhof Westerland, Strandstraße, Hafen List, Wenningstedt, Wiese am Minigolfplatz

Mit dem Bike die Insel erkunden

KULTUR

24. Entdecke nackte Tatsachen im Weidemannhaus.

Magnus Weidemann lässt sich als wahrer Allrounder beschreiben. Der 1880 in Hamburg geborene Wahl-Sylter war Maler, Pastor, Schriftsteller, Naturschützer und Aktfotograf in einer Person. Bis 1919 tat Magnus Weidemann auf Amrum das Wort Gottes kund. 1926 ließ er sich auf Sylt nieder und lebte bis zu seinem Tod im Jahre 1967 in Keitum. Die Mauern des alten Friesenhauses wurden zum Entstehungsort zahlreiche kreativer Arbeiten des talentierten Autodidakten. Bereits in den 1920er Jahren eröffnete er dort eine Ausstellung und zeigte seine Gemälde einer breiten Öffentlichkeit. Als Wegbereiter der Freikörperkultur auf Sylt veröffentlichte Magnus Weidemann 1926 unter dem Titel »Deutsches Baden« einen Band mit seinen Aktfotografien. Die Sylter Natur war die große Liebe des Künstlers, welcher bis ins hohe Alter aktiv war. Spuren seines Wirkens lassen sich noch heute in den Räumlichkeiten des 1776 entstandenen urigen Kapitänshauses finden. Das Gebäude beherbergt mehrere Ferienwohnungen, von der Galerie und dem Atelier bis hin zur Kapitänswohnung. Stilvolles Ambiente, untermalt von den Werken des vielseitigen Künstlers, bietet gutbetuchten Gästen ein gemütliches und einladendes Zuhause auf Zeit.

Standort: Weidemannweg 4, Keitum • **Öffnungszeiten:** nur Übernachtungsgästen zugänglich • **Weitere Infos:** www.sylt-weidemannhaus.de • **Wie kommt man hin?** Westerland, Kirchenweg, Keitumer Chaussee, Weidemannweg, Bus Nr. bis Keitum

25. Baue eine Miniatur-sandburg.

FAMILIE

Denn große Sandburgen sind in Sylt nicht mehr erlaubt. Der Grund: zahlreiche Touristen gingen beim Burgenbau allzu eifrig zur Sache. Sie zogen so tiefe Gräben um ihre Strandkörbe, dass der Sand aufgelockert wurde und sich so viel zu leicht abtragen ließ. Sylt muss jedoch um seine Strände bangen und daher entsprechende Maßnahmen ergreifen. Jedes Sandkorn zählt. Einst war der Burgenbau am Sylter Strand jedoch ein beliebtes Hobby. Die Sandburgen wurden mit Fähnchen geschmückt und mit Namen wie »Bissige Junggesellen« oder »Zum lustigen Großvater« bedacht. 1910 fand der erste offizielle Sandburgen-Wettbewerb statt. Über Jahrzehnte wurden die besten Kinderburgen oder die besten geschmückten Burgen mit Preisen bedacht. Alte Ansichtskarten künden von einem Spaß, der uns heute leider versagt bleibt. Wer dennoch eifrig und vielleicht sogar mit einer Schaufel buddelt, muss mit Bußgeldern rechnen. Also besser kleinere Brötchen backen und nur noch den Kindern bei ihrer Mini-Sandburg unter die Arme greifen.

Standort: alle Strände • **Öffnungszeiten:** 24 Stunden, ganzjährlich • **Wie kommt man hin?** individuelle Anreise über die einzelnen Inselorte

ABENTEUER

26. Finde das Gold des Meeres.

Bernstein besitzt seine ganz eigene Faszination. Bereits seit Tausenden von Jahren begeben sich die Menschen auf die Suche. Was liegt also näher, als auch auf Sylt nach dem Harz versunkener Wälder Ausschau zu halten und vielleicht ein ganz besonders kostbares Souvenir mit nach Hause zu nehmen, ohne einen Cent dafür bezahlt zu haben. Zuerst die schlechte Nachricht: Warme Sommertage sind der denkbar schlechteste Zeitpunkt, um Bernstein auf Sylt zu finden. Der Bernstein steigt erst an die Oberfläche, wenn das Meer abgekühlt ist. Bei einem Herbst- oder Winterurlaub stehen die Chancen weitaus günstiger. Nahezu ideal ist der Zeitpunkt unmittelbar nach Stürmen. Haben diese in der Nacht eingesetzt, sollte man kein Langschläfer sein, denn viele Bernsteinsucher machen sich bereits am frühen Morgen, bewaffnet mit einer Taschenlampe, auf den Weg. Häufig verber-

Suche am Strand nach Bernstein

gen sich die orangebraunen Steinchen zwischen Seetang oder kleinen Holzstücken. Wer sich nicht sicher ist, ob er wirklich auf Bernstein gestoßen ist, einfach den Stein in konzentrierte Salzlösung geben. Bernstein schwimmt oben. Gute Aussichten, auf Sylt auf Bernstein zu stoßen, gibt es am Roten Kliff, am Morsum-Kliff oder entlang des Lister Ellenbogens. Stolze Finder können ihre Schätze in der Schutzstation Wattenmeer in Hörnum schleifen lassen und so zu einem strahlenden Schmuckstück machen. Das Bernsteinschleifen ist kostenlos, Spenden sind gern gesehen.

Standort: Sylter Strände • **Öffnungszeiten:** 24 Stunden, ganzjährlich • **Wie kommt man hin?** individuelle Anreise über die einzelnen Inselorte

27. Berühre die uralten Walknochen im Sylter Heimatmuseum.

KULTUR

Die Geschichte der Ferieninsel wird im Sylter Heimatmuseum in Keitum dokumentiert. Das gesamte Museumsareal oberhalb des Grünen Kliffs wird dabei von einem alten Kapitänshaus dominiert. Das Gebäude stammt aus dem Jahre 1759 und gilt als beliebtes Fotomotiv. Womit sich die Ausstellung beschäftigt, wird anhand einiger eindrucksvoller Exponate bereits im Außenbereich deutlich. Schon der Eingang des Museums ist einzigartig, denn der Torbogen besteht aus dem Kieferknochen eines Wales. Wer weiter durch den Museumsgarten schlendert, wird auch das Wal-Skelett

Uralte Walknochen im Museum

eines gestrandeten Tieres erblicken. Dieses besitzt wahrlich gigantische Ausmaße und weist auf die Bedeutung des Walfangs für die Insulaner in früherer Zeit hin. Die Gratwanderung zwischen Vergangenheit und Gegenwart gelingt im (eintrittspflichtigen) Heimatmuseum mit Wechselausstellungen zeitgenössischer Künstler. Teile der Ausstellungen sind jedoch auch im Außenbereich aufgestellt und damit kostenfrei zu betrachten.

Standort: Am Kliff 19, Keitum • **Öffnungszeiten:** Do-So 11 bis 15 Uhr • **Weitere Infos und Termine:** www.soelring-foriining.de, Tel.: 04651-31669 • **Wie kommt man hin?** Keitumer Landstraße, Munkmarscher Chaussee, Pröstwal, Am Kliff, Bus Nr. 3 bis Keitum

LAND & LEUTE

28. Lüfte im Rantumer Hafen das Geheimnis des Bauschuttes.

Der kleinste und zugleich jüngste Sylter Hafen bietet Besuchern viel Beschaulichkeit. Angelegt wurde das Hafengelände 1977. Der Rantumer Hafen sollte vornehmlich den Muschelfischern als Anleger dienen. Ebenso war im Gespräch, den Hafen als Anleger für Ausflugsschiffe zu nutzen. Dabei erwiesen sich jedoch die Häfen in Hörnum und List als zu starke Konkurrenz und man ließ die Pläne fallen. Heute ist der Rantumer Hafen Freizeitkapitänen vorbehalten. Sportboote und Yachten bis 1,20 Meter Tiefgang können hier festmachen. Der Hafen bietet sich an für Spaziergänge. Dabei lässt sich eine Entdeckung machen, welche viele Besucher befremdlich stimmen mag. Südlich des Bootsteges scheint sich eine wahre Schutthalde auszudehnen. Bei näherer Betrachtung kann man deutlich die Reste von Häusermauern ausmachen. Hat hier einmal ein Gebäude gestanden, oder was hat es mit diesem Bauschutt auf sich? Die Überreste der Fassaden haben ihren Ursprung in Westerland. Dort standen nicht immer moderne Hochhäuser Bevor 1966 das Kurzentrum errichtet wurde, gab es hier einen beschaulichen Gebäudekomplex aus kleineren Hotels und Pensionen, welcher Opfer der Abrissbagger wurde. Anstatt den Bauschutt teuer und aufwendig auf das Festland zu transportieren, wurde dieser kurzerhand in Rantum abgeladen, um einen Leitdamm aufzuschütten.

Standort: Hafen, Rantum • **Öffnungszeiten:** 24 Stunden, ganzjährlich • **Wie kommt man hin?** Westerland, Lorenz-de-Hahn-Straße, Strandstraße, Bus Nr. 2 bis Rantum Nord

FAMILIE

29. Fahre Tretboot im Tierpark in Tinnum.

Die Tinnumer Wiesen sind die Heimat von Schafen, Pferden oder Kühen. Das sich dort auch Lamas, Tauben oder Füchse wohlfühlen, beweist der Tierpark in Tinnum eindrucksvoll. Auf einer Fläche von mehr als 30.000 Quadratmetern leben mehr als 400 heimische

Exotische Tiere im Tierpark Tinnum

und exotische Tiere. Der familiengeführte Tierpark ist eine gute Gelegenheit, mit der ganzen Familie einen entspannten und ruhigen Tag zu verleben. Familie Christiansen hat unweit des Tinnumer Campingplatzes ein kleines Paradies geschaffen und ist seit 1971 mit viel Herzblut dabei, das weitläufige Areal zu einer Oase für Mensch und Tier zu machen. Zu einheimischen Tieren wie Schweinen, Störchen, Rehen oder Meerschweinchen gesellen sich Schneeeulen, Flamingos und Papageien. Für die kleinen Besucher stehen Karussell, Hüpfburg und Spielplatz bereit. Der erklärte Lieblingsort im Tierpark ist der Teich mit seinen bunten Tretbooten, welche kostenlos benutzt werden können. Wer im Besitz einer Gästekarte ist, erhält am Eingang eine Tüte Zwieback gratis, um die Tiere zu füttern.

Standort: Ringweg 100, Tinnum • **Öffnungszeiten:** Mai bis Oktober, täglich 10-19 Uhr • **Preise:** Erwachsene 12 Euro, Jugendliche 6 Euro, Kleinkinder Eintritt frei • **Wie kommt man hin?** Bus Nr. 3/3a bis Königskamp

30. Flaniere entlang der Kampener Whiskymeile.

FREIZEIT

Spaziergänge auf Sylt haben nicht nur etwas beschauliches, sondern immer auch etwas mondänes. Gegensätze ziehen sich ja bekanntlich an und nirgendwo auf der Insel sind sie so präsent wie in Kampen. Auf der einen Seite ein idyllischer Ort mit gemütlichen Reetdachhäusern und auf der anderen Seite eines der teuersten Pflaster Deutschlands. Bei einem Bummel entlang des Strönwai einem Promi zu begegnen, ist kein Zufall, sondern beinahe schon Gewissheit. Von den Syltern wird der Straßenzug gemeinhin und etwas abschätzig als »Whiskymeile« bezeichnet. Doch nicht nur Hochprozentiges wird hier angeboten. Unter den Reetdächern entlang der Straße ist Boutique an Boutique und Restaurant an Restaurant gereiht. Das Luxus-Dorf ist ein Hotspot für die Schönen und Reichen, welche den Bars und Restaurants zustreben und ihre Nobelkarossen auf den schmalen Straßen zur Schau stellen. Wer auf diesem Laufsteg der Eitelkeiten flaniert, zahlt jedoch keinen Cent und kann sich dabei sogar selbst ein bisschen wie ein Star fühlen. Ein kleiner Tipp: Der Erdbeerkuchen im »Gogärtchen« ist legendär und für jeden erschwinglich.

Standort: Strönwai, Kampen • **Öffnungszeiten:** 24 Stunden, ganzjährlich • **Wie kommt man hin?** Westerland, Keitumer Landstraße, Wenningstedt, Kampen, Bus Nr. 1 bis Kampen Mitte

KULTUR

31. Begegne dem Schöpfer des Fliewatüüt.

Boy Lornsen war nicht nur als Bildhauer aktiv, er verstand es auch, Kinderaugen zum Strahlen zu bringen. Lebendige Kindheitserinnerungen sind mit dem Jungen Tobbi, Robbi dem Roboter und dem himbeersaftbetriebenen Fliewatüüt verbunden. Das Boy Lornsen waschechter Sylter war, wissen wohl die wenigsten. Als Sohn eines Kapitäns wurde er 1922 in Keitum geboren. 1967 veröffentlichte der gelernte Zimmermann mit »Robbi, Tobbi und das Fliewatüüt« sein wohl bekanntestes Werk. Seither war Boy Lornsen als freier Autor tätig und schrieb neben Kinderbüchern auch Gedichte oder Romane. Sogar über Deutschlands Grenzen hinaus war Boy Lornsen bekannt. 1976 wurde ihm unter anderem der Preis der Japanischen Schulbibliothekare verliehen. Der als warmherzig und begeisterungsfähig beschriebene Autor galt auch als Vater der Puken. Dabei handelt es sich um freundliche Hausgeister, die auf Dachböden leben. Wer ihnen begegnen möchte, lockt sie mit Gerstengrütze und einem Schuss Butter aus der Reserve. Boy Lornsen starb 1995 in Keitum. Sein Sylter Wohnhaus befindet sich in Familienbesitz und ist nunmehr nur von außen zu besichtigen. An den berühmten Schriftsteller erinnert auch die Grundschule in Tinnum, welche seit dem Jahre 2002 seinen Namen trägt.

Standort: Gurstig 35, Keitum • **Öffnungszeiten:** nicht öffentlich zugänglich • **Wie kommt man hin?** Westerland, Tinnum, Keitumer Landstraße, Bus Nr. 3 bis Keitum

32. Erkunde die Kampener Vogelkoje.

BESONDERE ORTE

Im Norden Kampens erstreckt sich ein weitläufiges Naturschutzgebiet, welches seit 1935 besteht. Natur gab es hier schon immer und jede Menge Wildenten dazu. Mitte des 18. Jahrhunderts ging hier die älteste Sylter Entenfanganlage in Betrieb. Die Idee griffen die Sylter Walfänger von den Holländern auf. Was sich vielleicht im ersten Moment recht technisch anhört, war eher ein genialer Geniestreich. Über einen künstlich angelegten Teich verlief ein Netz. An dessen Ende war eine Reuse angebracht. Von den Syltern gezähmte Enten lockten die Wildenten in das Netz und damit in die Töpfe und Pfannen der Insulaner. Die Jahresausbeute an Entenbraten überstieg die damalige Einwohnerzahl um das Zehnfache und es existieren recht amüsante Geschichten über den reichen Entenkonsum der Sylter. Den Enten kann man noch heute auf dem Gelände begegnen. Diese führen inmitten des Naturschutzgebietes ein sorgenfreies Leben. Wer die Ruhe sucht, wird diese entlang der schmalen Holzstege des Naturlehrpfandes finden. Auf dem 4,5 Hektar großen Areal wurden in den 1980er Jahren zwei Kojenhäuschen und eine Fangpfeife nach altem Vorbild errichtet. In den Kojenhäuschen kann eine Ausstellung besucht werden, in der die Geschichte des Geländes

Standort: Vogelkoje 333a, Kampen • **Öffnungszeiten:** Mai bis September: Mo-Fr 10-17 Uhr, Wochenende und feiertags 11-17 Uhr, Oktober bis April: tgl. 11-16 Uhr • **Weitere Informationen:** Tel.: 04651-95250 • **Wie kommt man hin?** Ortsdurchfahrt Kampen Richtung Norden, Lister Straße

Erkunde die Kampener Vogelkoje

33. Tanze auf dem Kampener Sommerfest.

FREIZEIT

Der Sommer auf Sylt hält viele Highlights bereit. Wenn Mitte August die warme Jahreszeit ihren Höhepunkt erreicht, trifft man sich in Kampen zum alljährlichen Sommerfest. Das Gelände rund um das historische Kaamp Hüs verwandelt sich dann in eine stimmungsvolle Partylocation. Bereits am späten Nachmittag werden die Gäste mit maritimen Klängen eingestimmt. Zu einer festen Größe im Veranstaltungskalender ist dabei der Sylter Shanty Chor geworden. Dieser versteht es nicht nur, die Hoffnungen und Träume der Seefahrer in Noten zu packen, sondern weiß auch, mit allerlei Seemannsgarn zu unterhalten. Zu vorgerückter Stunde wird dann in das Weinzelt eingeladen, wo moderne Rhythmen auf dem Programm stehen und Kulinarisches vom Grill und aus den Bier- und Weinfässern probiert werden kann.

Standort: Kaamp Hüs, Kampen Termin und • **Öffnungszeiten:** Mitte August, ab 17 Uhr • **Wie kommt man hin?** Bus Nr. 1 bis Kampen

34. Versuche dich im Stand Up-Paddeln.

SPORT

Ende Juli hofft man am Brandenburger Strand auf gute Winde, denn dann trifft sich die Windsurf-Elite zu ihrem Saisonhöhepunkt. Während der fünf Veranstaltungstage fighten die besten Windsurfer der Welt um den Titel in den Disziplinen: Slalom, Racing, Wave oder Freestyle.

Weiterhin geht es darum, den Deutschen Meister zu küren. Besucher können nicht nur den Sportlern zuschauen und mit ihnen ins Gespräch kommen. Auf die Gäste wartet auch ein umfangreiches Rahmenprogramm. Dabei können Trendsportarten wie Stand Up Paddeln oder Speedminton ausprobiert werden. Wer mehr über den Surfsport erfahren möchte, kann interessante Diskussionen und Interviews verfolgen. Wer es eher locker angehen will, der tummelt sich am Strand und findet sich am Abend bei den After-Race-Partys ein, auf denen DJs und Live-Bands die Stimmung anheizen.

Standort: Brandenburger Strand, Westerland • **Termin:** letztes Juli-Wochenende, fünf Tage • **Weitere Infos und**

Termine: www.surfcup-sylt.de • **Wie kommt man hin?** Autozug, St. Nicolai Straße, Maybachstraße, Friedrichstraße, Brandenburger Strand, alle Busse bis ZOB

35. Lerne wie Sylt gegen das Feuer kämpfte.

LAND & LEUTE

Im kleinsten Museum der Insel Sylt wird die Geschichte der hiesigen Feuerwehr erzählt. Die Ausstellung ist gegenüber der Feuerwache im früheren Spritzenhaus untergebracht. Auf einer Fläche von 60 Quadratmetern wurde zusammengetragen, was 100 Jahre Feuerwehrgeschichte auf Sylt ausmacht. Besucher werden zurückversetzt in eine Zeit, als man die Löschkarren noch von Hand ziehen musste und Wasser nur zur Verfügung stand, wenn die Kameraden Eimerketten bildeten. Vom Spritzenhaus rückten einst die Kutschen aus, um Brände zu bekämpfen. Fotos, historische Uniformen und alte Dokumente geben einen realistischen Einblick in die Brandbekämpfung in früherer Zeit. Wer das Museum besucht, wird von ehemaligen Feuerwehrmännern eine individuelle Führung erhalten und kann sich auf dem Rundgang auch über die aktuelle Situation der freiwilligen Feuerwehr auf Sylt aufklären lassen. Der Eintritt in die Ausstellung ist frei. Die Betreiber freuen sich über eine Spende, welche zur Förderung und Unterstützung der ehrenamtlichen Tätigkeit eingesetzt wird.

Standort: C.P.-Hansen-Allee, Keitum • **Öffnungszeiten:** April bis Oktober Di 10.30-13 Uhr • **Wie kommt man hin?** Westerland, Tinnum, Keitumer Landstraße, Bus Nr. 3 bis Keitum

KULTUR

36. Entdecke spannende Musiker.

Im Winter schaltet die Insel einen Gang zurück. Belebt wird die stille Zeit von den Voss-Winterkonzerten. Die regional ansässige Firma verfolgt das Ziel, Kultur einer breiten Masse nahe zu bringen. Geboten wird Musikalisches auf höchstem Niveau zum Nulltarif. Die Veranstaltungsreihe gleicht dabei einer Entdeckungsreise, denn viele der verpflichteten Künstler feiern auf Sylt ihre Premiere auf deutschen Bühnen. Dabei handelt es sich jedoch nicht um Newcomer, sondern um Singer-Songwriter, die in ihren Heimatländern bereits Erfolge feiern konnten, in Deutschland aber bislang noch unbekannt sind. Zwischen November und März stehen fünf Konzerte auf dem Plan. Dabei wird eine umfangreiche Bandbreite geboten und die Fans von Folk, Pop, Country oder Blues kommen gleichsam auf ihre Kosten. Nach einem Spaziergang am Strand sich im gemütlichen Friends Bistro aufzuwärmen und im kleinen Kreis guter, handgemachter Musik zu lauschen, ist ein Ereignis, welches nicht nur an kalten Tagen das Herz zu wärmen versteht. Ein Grund hierfür ist nicht zuletzt das prasselnde Kaminfeuer im gemütlichen Bistro an der Promenade von Westerland.

Standort: Friends Bistro, Strandstraße Westerland • **Termin:** monatlich zwischen November und März • **Weitere Infos und Termine:** www.vosssylt.de • **Wie kommt man hin?** Bahnhof, Friedrichstraße, Strandpromenade, alle Busse bis ZOB

Das See-
feuerwerk
beim
Winzerfest

Profis beim
Windsurf
Cup auf Sylt

Sport

37. Feuere die Surf-Profis beim Euro Windsurf Cup an.

Wenn sich der Sommer auf Sylt dem Ende zuneigt, sind noch einmal alle Augen auf die Nordsee gerichtet. Beim Euro Windsurf Cup hoffen die Profis auf günstige Winde. Schließlich winken 120.000 Euro Preisgeld. Als vorletzte Station der PWA World Tour ist Westerland eine feste Größe. Mehr als 200.000 Zuschauer lassen sich dieses sportliche Highlight zum Sommerausklang nicht entgehen. Sylt bietet im Rahmen des Wettbewerbes eine Besonderheit und ist als einzige Station Austragungsort eines Super Grand Slams. Die Teilnehmer müssen sich in drei Disziplinen beweisen, um das begehrte Preisgeld zu erhalten. Es gilt also, wertvolle Punkte zu machen und den höchstdotierten Preis der PWA-Tour zu ergattern. Die Eröffnung der Veranstaltung findet traditionsgemäß in der Musikmuschel an der Strandpromenade statt. Dort wird das internationale Teilnehmerfeld vorgestellt. Dabei sind alle Augen auf die deutsche Surf-Legende Philip Köster gerichtet. Nicht minder im Fokus steht das Rahmenprogramm mit sportlichen Aktivitäten für Jung und Alt. Diese können zum Beispiel einen Surfsimulator ausprobieren. Ausgelassene Stimmung herrscht bei den After-Surf-Partys im Veranstaltungszelt.

Standort: Westerland • **Termin:** September/Oktober, an sieben Tagen • **Weitere Infos und Termine:** www.sylt-surfcup.de • **Wie kommt man hin?** Bahnhof Westerland, Friedrichstraße, Strandstraße, alle Busse bis ZOB

38. Lerne Seemannslieder beim Shantychor-Festival.

Die Arbeit der Matrosen auf den Segelschiffen war nicht leicht. Doch diese ließen sich die Laune nicht verderben und vertrieben sich die Zeit mit Seemannsliedern. Viele davon sind zu Evergreens geworden. Man denke nur an »The drunken sailor«, »Wir lagen vor Madagaskar« oder »La Paloma«. Beim Sylter Shantychor Festival gehört die Bühne den Interpreten dieser Lieder, die von Freiheit, Abenteuer und der Sehnsucht nach Zuhause erzählen. Das Festival gastiert dabei seit mehr als zehn Jahren in verschiedenen Inselorten. Der Auftakt erfolgt in Hörnum. Vom maritimen Gesang gefangen nehmen lassen können sich auch die Besucher von List. Eine traditionsreiche Bühne finden die Chöre und Interpreten in der Musikmuschel in Westerland. Den Höhepunkt der Veranstaltung stellt der Shanty-Wettbewerb dar. Im Kursaal von Wenningstedt werden verschiedene Chöre ein und denselben Titel vortragen. Eine Jury entscheidet anschließend, welche der harten Jungs am besten und gefühlvollsten gesungen haben.

Standort: verschiedene Inselorte • **Termin und weitere Infos:** Juni (siehe www.sylt.de) • **Wie kommt man hin?** individuelle Anreise über die Inselstraße

FREIZEIT

39. Erlebe das Seefeuerwerk beim Westerländer Winzerfest.

Die Strandpromenade von Westerland ist die Flaniermeile schlechthin auf Sylt. Im Sommer ist kaum ein freies Plätzchen zu ergattern, wenn es darum geht, den besten Blick aufs Meer zu erhaschen und das Treiben am Strand zu beobachten. Noch ein Stück weit stimmungsvoller wird es, wenn zum Sylter Winzerfest eingeladen wird. Weinliebhaber werden sich durch das Angebot der Winzer probieren können und dabei auch erfahren, dass Sylt sogar einen eigenen Weinberg besitzt. Der romantische Sonnenuntergang über dem Meer untermalt das stimmungsvolle Ambiente. Die Auswahl des Lieblingsweines fällt nicht leicht, denn es sind Weinbauern aus den verschiedensten deutschen Regionen vertreten. Ein Bummel über die Strandpromenade wird sich an diesem lauen Sommerabend besonders lohnen. Stimmungsvolle Live-Musik sorgt für die passende Untermalung. Den Höhepunkt des Events bildet ein Seefeuerwerk.

Standort: Promenade, Westerland • **Termin:** Juli, fünf Tage • **Weitere Infos und Termine:** www.sylt.de • **Wie kommt man hin?** Westerland Bahnhof, Friedrichstraße, Strandstraße, alle Busse bis ZOB oder Stadtmitte

40. Entdecke ein wanderndes Relikt aus der Steinzeit.

Auf dem Grünen Kliff in Keitum kann man nicht nur die Aussicht auf die Nordsee genießen, sondern auch eine Megalithanlage, welche etwa um 3.000 v. Chr. unter der Trichterbecherkultur entstand, besichtigen. Das Hünenbett befindet sich in unmittelbarer Nähe zum Tipkenhoog genannten Grabhügel. Dies war jedoch nicht immer so, denn die Megalithanlage Harhoog ging bereits häufiger auf Wanderschaft. Ursprünglich befand sich der Grabhügel auf der Anhöhe »Weenk«, unweit der Keitumer Kirche. Entdeckt wurde Harhoog, als man 1925 mit der Errichtung des Hindenburgdamms begann und die »Mörderkuhle« aushob, um Sand zu gewinnen. Eine erste wissenschaftliche Untersuchung der Anlage fand 1936 statt. Damals stand Harhoog sein erster Umzug an den Rand des Flughafengeländes bevor. Als der Inselflughafen 30 Jahre später erweitert wurde, musste das Hünenbett nochmals die Koffer packen und befindet sich seither auf dem Grünen Kliff. Die Megalithanlage konnte allerdings nicht komplett versetzt werden. Das Riesenbett besaß ursprünglich eine Länge von 32 Metern. Die eigentliche Grabkammer kann heute besichtigt werden. Die aus Steinen und Erde bestehende Ummantelung ging verloren.

Standort: Am Tipkenhoog, Keitum • **Öffnungszeiten:** 24 Stunden, ganzjährlich • **Wie kommt man hin?** Westerland, Tinnum, Keitumer Landstraße

Der uralte Grabhügel Tipkenhoog

Die Komtur-Skulptur in Keitum

41. Lüfte das Geheimnis der »Komtur«-Skulptur.

KULTUR

Der Keitumer Friedhof ist ein Ort der Ruhe, der Besinnung und auch des Entdeckens. Rund um die St. Severin Kirche befinden sich die ältesten Inselgrabsteine, welche aus dem 17. Jahrhundert stammen. Die Grabsteine enthalten lediglich die Initialen der Verstorbenen und das Todesjahr. Etwas abseits und halb verdeckt von einer Hecke befindet sich eine Bronzeskulptur. Diese scheint ein Geheimnis in sich zu bergen und irgendwie unergründlich zu sein. Der geöffnete Umhang scheint seinen Träger komplett zu verhüllen. Wer einen neugierigen Blick unter den Umhang wagt, der blickt jedoch ins Leere. Der »Mantel des Bewusstseins« ist die bedeutendste Arbeit der böhmischen Künstlerin Anna Chromy. Die Arbeit entstammt dem Zyklus »Don Giovanni« und entstand in den 1990er Jahren, als die Künstlerin nach einem schweren Unfall damit begann, bildhauerisch tätig zu werden. Das Bewusstwerden der Vergänglichkeit und das Geheimnisvolle, welches darin zu liegen scheint, wird dem Betrachter deutlich gemacht. Einen ähnlichen Moment von Einkehr und Besinnung kann der Besucher übrigens auch bei der Betrachtung der Skulptur »Totengedenken«, am Westeingang des Friedhofs finden. Abgüsse der Skulptur »Komtur« werden aufmerksame Weltenbummler in Salzburg und in Prag entdecken.

Standort: Friedhof, Keitum • **Öffnungszeiten:** 24 Stunden, ganzjährlich • **Wie kommt man hin?** Westerland, Tinnum, Keitumer Landstraße, Munkmarscher Chaussee, Friedhof Südeingang, Bus Nr. 3 bis Keitum

LAND & LEUTE

42. Besichtige das Eisboot in Morsum.

Am Ortseingang von Morsum scheint ein Boot gestrandet zu sein. Bei näherem Hinsehen wird deutlich, dass es sich tatsächlich um ein altes Boot handelt, die Figuren darin allerdings lediglich lebensecht wirken. Kunst im öffentlichen Raum ist auf Sylt keine Seltenheit und meist ist eine hübsche Geschichte damit verbunden. So auch bei dieser um 1920 entstandenen Schute. Das Boot erinnert an Zeiten ohne Hindenburgdamm, an Zeiten, wo es für die Sylter noch äußerst beschwerlich war, auf das Festland zu kommen. Die unerschrockene Besatzung der Schute machten sich jedoch selbst in den strengen Wintern auf den Weg zum Festland, um den Insulanern die Post zu bringen und sie mit Lebensmitteln und Medikamenten zu versorgen. Der Weg durch das Wattenmeer war oft beschwerlich und das sogenannte Eisboot musste große Teile der zwölf Kilometer langen Strecke von der Besatzung über das zugefrorene Meer gezogen werden. Die letzte Tour des Eisbootes wurde 1923 in Angriff genommen. Heute wirkt die hölzerne Besatzung an Bord recht entspannt und zeigt sich im Sommer im legeren Fischerhemd und im Winter mit gelben Regenjacken und tief ins Gesicht gezogener Kopfbedeckung. Es sollen auch schon Weihnachtsmann und Osterhase im Eisboot gesichtet worden sein, was einmal mehr für den feinen Humor der Insulaner spricht.

Standort: Ortseingang Morsum • **Öffnungszeiten:** 24 Stunden, ganzjährlich • **Wie kommt man hin?** Westerland, Keitum, Morsum, Bus Nr. 4 bis Morsum

43. Geh zum Promi-Spotting am Sylter Flughafen.

FREIZEIT

Wer auf Sylt in die Luft gehen möchte, begibt sich, wenige Kilometer östlich von Westerland, auf den nördlichsten deutschen Flughafen. Ein erster Flughafen wurde auf der Insel bereits 1918 eingerichtet. Dies bescherte dem Tourismus Aufschwung und im Sommer 1919 wurde mit der Strecke Berlin-Hamburg-Sylt die zweite Linienflugverbindung in der Geschichte der deutschen Luftfahrt in Betrieb genommen. Geflogen wurde nur in den Sommermonaten. An Bord gehen konnten bis zu fünf Passagiere. Dennoch landeten im Jahre 1925 mehr als 2.500 Feriengäste auf der noch unbefestigten Start- und Landebahn. Der Flughafen stieß mehrmals an seine Grenzen und wurde ausgebaut und verbessert. Mit einem jährlichen Passagieraufkommen von knapp 200.000 Fluggästen zählt der Sylter Inselflughafen zu den meistfrequentierten Airports in Schleswig-Holstein. In den Sommermonaten können täglich Maschinen beim Starten oder beim Landeanflug beobachtet werden. Dabei lässt sich auch ein Blick auf die einen oder anderen Prominenten erhaschen, welche Hubschrauber oder Privatjet entsteigen. Wer Sylt gern einmal aus der Vogelperspektive erleben möchte und das nötige Kleingeld übrig hat, kann einen Tandem-Fallschirmsprung buchen.

Standort: Tinnum • **Öffnungszeiten:** tgl. 10-19 Uhr • **Wie kommt man hin?** Westerland, Richtung Osten, Flughafenstraße, Stadtbus B bis Wenningstedter Weg, weiter zu Fuß über den Bahnweg

BESONDERE ORTE

44. Entdecke das Schiffswrack am Weißen Kliff.

Eine Wattwanderung ist immer ein besonderes Erlebnis. Wer diese am Weißen Kliff in Wenningstedt-Braderup unternimmt, wird neben Wattwürmern und Strandkrabben noch eine weitere Entdeckung machen. Etwa 200 Meter vom Strand entfernt stößt man auf die Überreste eines alten Holzschiffes. Wer nun vermutet, der schwedische Dreimaster »Mariann« sei vor der Sylter Küste auf Grund gelaufen, der liegt falsch. Die Geschichte des Schiffes ist eine ganz andere, sie verlief allerdings nicht weniger abenteuerlich. »Mariann« transportierte einst Getreide und dümpelte nach dem Zweiten Weltkrieg beinahe vergessen in einem kleinen schwedischen Hafen vor sich hin. Zwei einer Künstlergruppe angehörende Insulaner kamen auf die Idee, Sylt mit einem schwimmenden Café zu bereichern. Kurzerhand nahmen sie das betagte Boot in Schlepptau und machten in Munkmarsch fest. Die Behörden gaben jedoch für das Vorhaben kein grünes Licht. Auch aus dem Munkmarscher Hafengelände musste der Dreimaster verschwinden. So fand »Mariann« ihren neuen Ankerplatz am Weißen Kliff. Die findigen Sylter gaben nicht auf und stellten neue Pläne vor. Auf dem Schiff sollten Kabarettaufführungen stattfinden, weiterhin stand der Bau einer Seebrücke im Raum. Als auch diese Pläne nicht genehmigt wurden, fanden auf der »Mariann« bis Anfang der 1980er Jahre illegale Partys statt. 1981 brannte das Schiff komplett aus. Brandstiftung wird vermutet. Die Ursache blieb jedoch bis heute ungeklärt.

Standort: Weißes Kliff, Braderup • **Öffnungszeiten:** 24 Stunden, ganzjährlich • **Wie kommt man hin?** Westerland, Bahnweg, Keitumer Landstraße, Braderuper Straße, Üp de Hiir

45. Begegne der Sylter Monster-Familie.

KULTUR

Am Bahnhof von Westerland sind schon viele Reisende angekommen. Die Sylter Monster-Familie, die dort zur Begrüßung bereit steht, wird allerdings keiner der Ankommenden so schnell vergessen. Immerhin wiegt sie elf Tonnen und besteht aus 2.000 Kilogramm Polyester. Die Monster-Familie auf dem Bahnhofsvorplatz hat auf Sylt nicht nur Freunde gefunden. Dies mag an ihrer Größe

Die Monster-Familie in Westerland

von beinahe vier Metern liegen oder auch am giftgrünen Anstrich, welcher der Figurengruppe zusätzliche Präsenz verleiht. Die vierköpfige Riesen-Familie stemmt sich gegen den auf Sylt allgegenwärtigen Wind und wohl auch gegen so manchen Anstoß von Kritik. Die Kinder haben die Riesen-Reisenden längst als Klettergerüst liebgewonnen und kaum ein Reisender geht daran vorbei, ohne sich auf einem Foto verewigt zu haben. Der geistige Vater der Figuren heißt Martin Wolke. Der Bildhauer gewann die Ausschreibung zur Gestaltung des Bahnhofsvorplatzes. Die in Badekleidung gehüllten Eltern mit ihren beiden Plastik-Kindern wollen provozieren und haben seit ihrer Einweihung im Jahre 2001 für so manche Schlagzeile gesorgt. Aber irgendwie haben sich die Sylter längst an das ungewöhnliche Quartett gewöhnt. Nur noch hin und wieder erntet die Monster-Family ein Kopfschütteln über die verdreht sitzenden Köpfe und die schräge Darstellung von Reiselust.

Standort: Bahnhofsvorplatz, Westerland • **Öffnungszeiten:** 24 Stunden, ganzjährlich • **Wie kommt man hin?** Bahnhof Westerland, Ausgang, alle Busse bis ZOB

KULTUR

46. Fühle der dicken Wilhelmine auf den Zahn.

Mit nackten Tatsachen kann man es halten, wie man möchte, belustigt hinschauen oder betreten wegschauen. In der Wilhelmstraße kommt kein Sylt-Besucher an ihnen vorbei. Die dicke Wilhelmine nimmt nämlich jeden Tag am Eingang der Fußgängerzone seelenruhig ein Bad und geizt dabei nicht mit ihren Reizen. Ihren

Die gemütliche Wilhelmine badet

Platz im Brunnen behauptet die üppige Bronzefigur seit 1980. Dabei ist sie nur mit einer Badehaube begleitet, schruppt ihre Füße und zeigt ihre ausladenden Brüste. Wilhelmine wiegt 175 Kilogramm. Der Bronzeabguss entstand innerhalb von vier Monaten. Ihre Schöpferin Ursula Hensel-Krüger verfolgte dabei das Ansinnen, die Menschen glücklich machen und zum Lachen zu bewegen. Umso tragischer erscheint der Selbstmord der damals 66jährigen im Jahre 1992. Die ehemalige Kindergärtnerin lebte seit 1963 auf Sylt. Wilhelmine hat bereits so einiges erlebt und sah nicht nur die Schönen und Reichen vorbei flanieren, sondern auch die Abgehängten der Sylter Inselgemeinschaft. Jahrelang war der Brunnen auf Treffpunkt der Sylter Drogenszene. Heute verabredet man sich immer noch gern bei der Wilhelmine. Entweder, um von dort durch die Fußgängerzone zu schlendern oder zum Schneeballschlacht-Flashmob.

Standort: Wilhelmstraße, Westerland • **Öffnungszeiten:** 24 Stunden, ganzjährlich • **Wie kommt man hin?** Westerland Bahnhof, Wilhelmstraße, alle Busse bis ZOB

BESONDERE ORTE

47. Erlebe stille Momente auf dem Friedhof der Heimatlosen.

Sie haben keinen Namen, ihre Herkunft und das Ziel ihrer Reise bleiben ungewiss. Auf dem Friedhof der Heimatlosen haben die in früheren Zeiten an den Strand von Westerland gespülten Toten ihre letzte Ruhe gefunden. Zwischen 1600 und 1870 wurden mehr als 400 Leichen an die Sylter Strände gespült. Damit ihnen endlich eine Heimat gegeben werden konnte, legte Strandvogt Wulf Hansen im Jahre 1854 in der Heidelandschaft südlich von Westerland den Friedhof der Heimatlosen an. Ein erster namenloser Seemann wurde im Herbst des Folgejahres bestattet. In alten Tagebuchaufzeichnungen ist 1861 von neun mit Moos bewachsenen Grabhügeln zu lesen. Im November 1905 erfolgte die letzte Bestattung. Die Kapazitäten des Friedhofs waren erschöpft und das Gelände wurde bereits von der rasch anwachsenden Stadt förmlich verschluckt. Insgesamt wurden 53 Tote auf dem Friedhof der Heimatlosen bestattet. In beeindruckender Schlichtheit ragen heute noch immer die 53 Holzkreuze in den Himmel. Auf ihnen ist der Fundort des Toten und der Zeitpunkt der Bestattung vermerkt. Eine Gedenktafel erinnert an Harm Müsker, einziger namenloser Toter, der nachträglich identifiziert werden konnte. Während ihres Aufenthaltes auf Sylt zeigte sich übrigens die rumänische Königin vom Friedhof der Heimatlosen so beeindruckt, dass sie eine Gedenktafel aufstellen ließ und an das »Volk im Strom der Zeit« erinnert. Auf dem Friedhof der Heimatlosen wird einem bewusst, dass das Meer Geschichten und Geheimnisse kennt, die wir ihm niemals entlocken können.

Standort: Käpt'n-Christiansen-Straße, Westerland • **Öffnungszeiten:** 24 Stunden, ganzjährlich • **Wie kommt man hin?** Westerland, Elisabethstraße, in Richtung Katholische Kirche, alle Busse bis ZOB

48. Flaniere über die pulsierende Friedrichstraße.

FREIZEIT

Wer in Westerland am Bahnhof ankommt und dem Strand zustrebt, wird unweigerlich auf der Friedrichstraße landen. Diese verläuft kerzengerade bis zur Kurpromenade. So einfach und bequem gelangte man hier nicht immer an den Strand. Früher rumpelten die Kutschen vom Munkmarscher Hafen bis nach Westerland recht beschwerlich über unbefestigte Wege – und dass bis weit in das 19. Jahrhundert hinein. Um diesen misslichen Zustand endlich zu beseitigen, stellten zwei beherzte Bürger Westerlands, mit Namen Friedrich und als Kapitän und Kutschfahrer beschäftigt, der Insel unentgeltlich Teile ihrer Grundstücke zur Verfügung, damit endlich eine befestigte Straße entstehen konnte. Beide staunten nicht schlecht, als der neue Straßenzug dann tatsächlich entstand und im Jahre 1888 nach ihnen benannt wurde. Die Friedrichstraße wurde rasch zum lebendigen Mittelpunkt Westerlands, bis in die 1960er Jahre noch stark befahren, heute längst verkehrsberuhigte Fußgängerzone. Hier findet man Geschäfte und Restaurants, kann so manchem Promi begegnen und sich an grauen

Regentagen die Zeit vertreiben. Auf der Friedrichstraße befindet sich mit H.B. Jensen auch das älteste Inselkaufhaus. Kulinarisch kann man sich vom Fischbrötchen bis zum Eis alles schmecken lassen, oder man genießt ganz einfach das Flair, maritim, kosmopolitisch, unnachahmlich, eben einfach Sylt.

Standort: Friedrichstraße, Westerland • **Öffnungszeiten:** 24 Stunden, ganzjährlich • **Wie kommt man hin?** Westerland Bahnhof, Richtung Strand, alle Busse bis ZOB

FAMILIE

49. Füttere Kegelrobbe Willi mit einem Hering.

Wird ein Sylter nach dem Wahrzeichen von Hörnum gefragt, wird er wahrscheinlich in Richtung Leuchtturm weisen. Doch seit mehr als 20 Jahren bekommt der steinerne Koloss Konkurrenz von Willi, einer zahmen Kegelrobbe, die ihren Sommersitz im Hörnumer Hafenbecken unterhält. Lautstark lassen sich die Rufe: »Willi, Willi« vernehmen. Willi, der eigentlich stolze Mutter ist und damit Wilhelmine heißen müsste, lässt sich das nicht zweimal sagen, schließlich warten die rufenden meist mit leckeren Heringen auf ihn/sie. Über die Spendierfreude der Hafenbesucher freut nicht nur die Robbe, welche mit etwa 200 Kilogramm ein stolzes Gewicht mitbringt, sondern auch der nahen Fischhändler, dessen Kasse dank Willi regelmäßig klingelt. Robben vor Sylt sind zu einer Seltenheit geworden. Als sie einst gejagt wurden, verschwanden sie fast komplett und überlebten lediglich in unwegsamen Küstengebieten.

Kegelrobbe Willi im Hörnumer Hafen

Vor etwa 60 Jahren kamen sie zurück ins Wattenmeer und werden seither von den Mitarbeitern des Nationalparks Wattenmeer akribisch bewacht. In den Sommermonaten ist Willi die Attraktion im Hafenbecken. Im Winter lebt die gewichtige Robbe auf der Sandbank Jungnamensand, zusammen mit anderen Artgenossen.

Standort: Hafenbecken, Hörnum • **Termin:** Sommermonate • **Wie kommt man hin?** Westerland, Rantum, Hörnum, Hafen, Bus Nr. 2 bis Hörnum Hafen

50. Rieche den Duft der Syltrose.

FREIZEIT

Das Herz jedes Hobbygärtners schlägt höher, wenn er sich im sommerlichen Sylt einem unverhofften Blütenmeer gegenübersieht. Ein herrlicher Rosenduft breitet sich aus und die Gärten vor den Friesenhäusern erscheinen besonders einladend. Die Sylter sind jedoch geteilter Meinung über ihre »Syltrose«, welche eigentlich aus Asien stammt und sich eigentlich Kartoffelrose nennt. Die ebenso robuste wie hübsche Pflanze wurde im ausgehenden 19. Jahrhundert von Seefahrern nach Sylt gebracht. Sie trotzt nicht nur Salz und rauen Winden, sondern verbreitet sich auch noch beinahe explosionsartig. Die Pflanzen erscheinen, im Vergleich zu heimischen Rosenarten, kompakter und bieten einen zuverlässigen Sicht- und Windschutz. Immer im Frühsommer erscheinen die ersten zarten weißen bis rosa Blüten und der betörende Duft steigt dem Spaziergänger besonders intensiv in die Nase. Im Hochsommer bildet die Pflanze schließlich ihre Früchte aus. Die Hagebutten dienen Vögeln als Nahrung, die von den Früchten nicht nur satt werden, sondern auch gleichzeitig dafür sorgen, dass die Syltrose garantiert nicht ausstirbt. Denn sobald ein Vogel, die Hagebutten aufpickt und dabei die Samen der Blume verstreut, sprießen bald neue Pflänzchen. Aus den Früchten der Syltrose werden auch Brotaufstriche

Farbenprächtige Syltrosen im Juni

oder hochprozentige Spirituosen hergestellt, angeboten auf dem Wochenmarkt in Westerland. Wer sich an der Syltrose gar nicht satt sehen kann – es gibt sie auch im Blumentopf als Mitbringsel und Bereicherung des heimischen Gartens.

Standort: alle Inselorte • **Termin:** Blütezeit im Juni • **Wie kommt man hin?** Individuelle Anreise über die Inselorte

51. Spaziere über die bedrohte Hörnum-Odde.

BESONDERE ORTE

Das Meer auf Sylt demonstriert nicht selten seine Kraft und holt sich ganze Landstriche zurück. Besonders intensiv knabbert die Nordsee an Sylts Südspitze, der Hörnum-Odde. Dabei ist die Odde selbst ein noch recht junges Produkt der Naturgewalten, entstanden in den 1920er Jahren als sich, vermutlich durch die Errichtung des Hindenburgdamms, die Strömungsverhältnisse rund um die Insel änderten und sich in der Folge an der Südspitze Sylts mehr und mehr Sand ablagerte. In den 1970er Jahren besaß die Hörnum-Odde ihre größte Ausdehnung. Wer sie damals umrunden wollte, musste schon gut zu Fuß sein und einen halben Tag dafür in Kauf nehmen. Wer sich heute zum Spaziergang aufmacht, wird nach etwas mehr als einer Stunde zurück sein. Experten sind überzeugt, Sylt wird den Kampf um die Odde früher oder später verlieren. Die schwersten Verluste in den letzten Jahren hat die Odde im November 2015 hinnehmen müssen. Damals war ein etwa 850 Meter langer und maximal 60 Meter breiter Küstenstreifen weggebrochen. Besucher sind aufgerufen, die

Hörnum-Odde nur noch bei Niedrigwasser zu betreten. Wer die Dünen- und Heidelandschaft erwandern möchte, findet am Strandübergang am Restaurant Kap Horn einen guten Einstieg.

Standort: Hörnum • **Öffnungszeiten:** 24 Stunden, ganzjährlich • **Wie kommt man hin?** Westerland Richtung Süden, Rantum, Hörnumer Straße, Promenade, Bus Nr. 2 bis Hörnum Hafen.

SPORT

52. Spiele Boule im Avenarius Park.

Zu den klassischen Sehenswürdigkeiten auf Sylt gehört er sicher nicht. Völlig zu Unrecht wird der Avenarius Park von vielen Sylt-Touristen übersehen. Kein Wunder, versteckt sich der Kampener Dorfpark doch hinter hohen Hecken. Als Kontrastprogramm zum Trubel in Westerland lässt sich jedoch im Avenarius-Park Ruhe und Muße finden. Die idyllische Parkanlage bietet weite Wiesen, eine kleine Allee mit Obstbäumen, einen Grabhügel aus der Steinzeit und einen romantischen Weiher, wo sich die Enten immer über einen Brotkrumen freuen. Namensgeber des Parks ist der Schriftsteller Ferdinand Avenarius. Dieser nutzte Sylt als Sommerfrische und bezog regelmäßig sein Häuschen im Schwarzwaldstil, wo es rauschende Partys und viel nackte Haut zu sehen gab. Der Dorfpark wurde im Jahre 1965 nach Avenarius benannt. Noch ein Geheimtipp für sportlich Begeisterte – im Park befindet sich ein Bouleplatz, welcher ganzjährlich geöffnet und dreimal wöchentlich Austragungsort offener Turniere ist.

Standort: Hans-Hansen-Wai, Kampen • **Öffnungszeiten:** ganzjährlich • **Wie kommt man hin?** Westerland, Richtung Norden, Hauptstraße, Hans-Hansen-Wai, Bus Nr. 1 bis Kampen Dorfmitte

BESONDERE ORTE

53. Genieße die Aussicht am Roten Kliff.

Das Rote Kliff fällt ins Auge und zählt wohl zu den markantesten Steilküsten an Nord- und Ostsee. Für die Entstehung dieses Naturphänomens ist ein Gletscher verantwortlich, welcher vor etwa 140.000 Jahren riesige Gesteinsmassen auf Sylter Boden ablagerte. Diese Landmassen enthielten eisenhaltige Bestandteile, welche der in der Luft enthaltene Sauerstoff oxidieren ließ. Das Ergebnis ist ein Stück australisch anmutendes Outback, mitten in Friesland. Schon im Mittelalter diente das Rote Kliff den Seefahrern als Landmarke. Doch Sturmfluten und Landabtragungen machten vor der markanten Steilküste nicht halt. Jährlich gehen einige Meter der Steilküste verloren. Auch Gebäude waren bereits von dem Landraub betroffen. Das Wenningstedter Kurhaus musste mehrmals landeinwärts versetzt werden und versank letztlich doch im Meer. Das rote Kliff verspricht Natur pur und steht seit 1979 unter Naturschutz. Wer die 50 Meter hohe Steilküste besuchen möchte, muss sich seit einigen Jahren mit der Aussichtsplattform zufrieden geben. Das Rote Kliff darf seither nicht mehr frei betreten werden. Der tollen Aussicht, die man dort noch immer genießen kann, hat diese Maßnahme nicht geschadet. Vor allem im Licht des Sonnenuntergangs entsteht eine mystische Stimmung, die die Besucher tief berührt.

Standort: zwischen Wenningstedt und Kampen • **Öffnungszeiten:** 24 Stunden täglich • **Wie kommt man hin?** Westerland Richtung Norden bis Parkplatz Risgap, Wenningstedt, Bus Nr. 1 bis Kampen Süd

BESONDERE ORTE

54. Steige auf Sylts »Berg«: die Uwe-Düne.

Die Uwe-Düne bietet jedem Sylt-Besucher Gelegenheit, der Insel förmlich aufs Dach zu steigen. Wenn die Sylter stolz von »ihrem Berg«« schwärmen, meinen sie genau jene exakt 52,5 Meter hohe Erhebung in Kampen. Seit beinahe 100 Jahren gelangt man über eine 110 Stufen umfassende Holztreppe zum Gipfel der Uwe-Düne. Und auch wenn 52 Meter lächerlich klinken mögen, sind die Besucher nach dem Aufstieg immer wieder fasziniert, reicht der Blick von hier oben doch weit über die Insel, bis nach List und Morsum und, wenn das Wetter mitspielt, sogar bis hin zur dänischen Insel Romo, die für ihre breiten Strände bekannt ist. Die Uwe-Düne kann niemand übersehen, denn im Umkreis von 40 Kilometern gibt es keine natürliche Erhebung, welche an die Düne heranreicht. Damit übertrifft die geographische Dominanz der Uwe-Düne sogar die der bayerischen Zugspitze. Der nächstliegender »Gipfel« ist übrigens der 62 Meter hohe Vongshoj in Dänemark. Nun ja, wer aus Süddeutschland kommt, wird vermutlich schmunzeln über diese Höhenangaben. Doch in Schleswig-Holstein kann eben nur noch der Bungsberg die Uwe-Düne toppen. Am den 168 Meter hohe Bungsberg gibt es sogar einen Skilift. Die Uwe-Düne verdankt ihren Namen übrigens einem Mann, der ebenfalls Weitblick bewies.

Die Aussicht am Roten Kliff

Sylts höchster »Berg«: die Uwe-Düne

Der Jurist trat für ein unabhängiges Schleswig-Holstein ein und verfasste ein mehr als 500 Seiten umfassendes Gesetzeswerk, mit dem er zum Vorkämpfer für ein vereintes Schleswig-Holstein wurde.

Standort: Kampen • **Öffnungszeiten:** 24 Stunden, ganzjährlich • **Wie kommt man hin?** Westerland Richtung Norden Hauptstraße, Zur Uwe Düne, Bus Nr. 1 bis Kampen Mitte

LAND & LEUTE

55. Plaudere mit dem Peter Lustig von Sylt.

Wer in Keitum zu Fuß oder mit dem Rad hinter dem Deich unterwegs ist und das alte Schöpfwerk passiert, kann ihn gar nicht verfehlen, einen Bauwagen, auffällig rot und anscheinend bewohnt. Sofort denken wir an Peter Lustig, welcher uns in Kindertagen gut gelaunt und mit Gummistiefeln und Latzhose die Natur näherbrach-

Hungrige Säbelschnäbler im Watt

te. Auch der Sylter Bauwagen ist tatsächlich bewohnt und zwar von April bis September. Dann bezieht der von der Schutzstation Wattenmeer beauftragte Vogelwart hier Quartier. Seine Aufgabe besteht darin, über die Wasser- und Wattvögel zu wachen, sie zu zählen und Wanderern, Radfahrern und Naturinteressierten Wissen zu vermitteln. Die Vogelzählstation in Keitum ist nur eine von 20 Stationen und Informationszentren, welche die im Jahre 1962 gegründete Naturschutzvereinigung in Schleswig-Holstein unterhält. Jahr für Jahr begibt sich übrigens ein neuer Vogelwart in die Einsamkeit hinterm Deich. Dabei kann es sich um einen Rentner oder auch um einen Studenten handeln. Diese werden hier für ein halbes Jahr zum Aussteiger und finden den Zugang zur Natur und zum einfachen Leben. Also, einfach anklopfen! Der Sylter Vogelwart ist immer dankbar für Gesellschaft und nette Gespräche.

Standort: Keitum • **Öffnungszeiten:** April bis September • **Nähere Infos und Termine:** www.schutzstaton-wattenmeer.de • **Wie kommt man hin?** Westerland, Richtung Keitum, bis zum Ende der Koogstraße, Bus Nr. 4 bis Keitum Bahnhof

56. Bewundere den Sonnenaufgang am Morsum-Kliff.

ABENTEUER

Das Morsum-Kliff verspricht am frühen Morgen beeindruckende Farbenspiele, die sich am besten im Anschluss an eine kleine Nachtwanderung erleben lassen. Noch heute ist das Morsumer-Kliff ein sehr ursprünglicher Ort, dessen Faszination einem erdgeschichtlichen Phänomen

Prächtige Farben am Morsumer Kliff

Albatros Molly in seiner neuen Heimat

entspringt, das einzigartig in ganz Europa ist. Drei verschiedene Gesteinsschichten bringen das Morsum-Kliff nämlich förmlich zum Leuchten. Das Alter der Schichten wird auf drei bis acht Millionen Jahre geschätzt. Gott sei Dank wurde das Kliff bereits in den 1920er Jahren unter Naturschutz gestellt, denn beinahe wären große Teile des Kliffs dem Bau des Hindenburgdamms zum Opfer gefallen. Unnachgiebige Umweltaktivisten – Schon damals gab es solche! –, wussten den Raubbau an dem Naturphänomen jedoch zu verhindern. Das Morsum-Kliff ist erklärter Lieblingsort von Malern und Fotografen. Um die ganz besondere Stimmung in all ihrer Pracht zu erleben, wandert man bei Dunkelheit zu dem auf der Kliffkante gelegenen Aussichtspunkt. Oder man wartet vom Watt aus ab, bis die Sonne das Kliff in sein unverwechselbares Licht taucht.

Standort: Morsum • **Öffnungszeiten:** 24 Stunden, ganzjährlich • **Wie kommt man hin?** Westerland, Richtung Hindenburgdamm, Morsum Straße Nösistich bis Ende, Bus Nr 4 bis Litjmuasem

57. Entdecke Albatros Molly im Sylter Rantumbecken.

FREIZEIT

Der Weg zum Naturparadies war für das Sylter Rantumbecken kein leichter. In den 1930er Jahren wurde hier ein nie genutzter Wasserflughafen angelegt. Nach Kriegsende sollten dann auf dem überfluteten Areal Wohnungen entstehen und Landwirtschaft betrieben werden. Als jedoch all diese Pläne scheiterten, wurde die Bewirtschaftung des Rantumbeckens aufgegeben und es entstand in den folgenden Jahren heimlich, still und leise ein einzigartiges Vogelschutzgebiet. Besonders im Frühling und im Herbst lohnt ein Abstecher. Dann können ganze Schwärme von Alpenstrandläufern oder Knutts beobachtet werden. Neben den für die Nordseeregion typischen Küstenvögeln hat sich im Rantum Becken auch ein beinahe exotischer Gast eingefunden. Viele Urlauber bewaffnen sich mit Ferngläsern, um nach Albatros Molly Ausschau zu halten. Albatrosse sind eigentlich auf der Südhalbkugel Zuhause und stehen auf der Roten Liste. Was Molly am Rantumbecken fasziniert und warum sie ausgerechnet hier gestrandet ist, bleibt wohl ihr Geheimnis. Während die Silbermöwen sich wenig gastfreundlich gegenüber dem Albatros zeigen, scheinen die Schwäne Mollys Anwesenheit zu dulden. Das etwa 600 Hektar große Areal des Rantumbeckens kann entlang eines zehn Kilometer langen Rundweges erkundet werden. Dabei kann man zu Fuß oder mit dem Rad auf Beobachtungstour gehen.

Standort: Rantum • **Öffnungszeiten:** ganzjährlich, bevorzugt Frühling und Herbst • **Wie kommt man hin?** Westerland, Hörnumer Straße, Rantum Richtung Campingplatz, Bus Nr. 2 bis Dikjen Deel

FREIZEIT

58. Durchstreife das Braderuper Heideland.

Sandlandschaften dominierende die Sylter Natur, doch auch Heideland ist auf der Insel reichlich vorhanden, wie die folgenden Zahl verdeutlicht. Obwohl Sylt nicht einmal ein Prozent der Fläche Schleswig-Holsteins ausmacht, findet sich die Hälfte der Heidelandschaften des Bundeslandes auf der Insel. Die Braderuper Heide ist dabei ein bei Touristen eher weniger bekanntes Kleinod. Der beinahe 140 Hektar große Landstrich beherbergt etwa 2.500 Tierarten und zirka 150 Pflanzenarten, von denen beinahe die Hälfte als bedroht gelten und auf der Roten Liste stehen. Ein Besuch der Braderuper Heide hat vom Frühling bis in den Herbst hinein seine Reize. Im April beginnen die Krähenbeeren zu blühen. Im Juli färben die Glockenheiden die Landschaft in einen satten Purpurton. Im Spätsommer scheint es dann, als würde der Landstrich in Flammen stehen. Verantwortlich dafür ist die Blüte der Besenheide. Wer der Einsamkeit begegnen möchte, kann die Heide auch im Winter durchstreifen und den Blick auf die ursprüngliche Landschaft richten. Die Heide kann entlang von Treppen und Stegen begangen werden. Das Naturzentrum Braderup bietet zudem geführte Wanderungen an. Die Führungen sind kostenlos, um eine Spende wird gebeten.

Standort: Wenningstedt-Braderup • **Termin:** Frühling bis Herbst • **Nähere Tipps und Informationen:** www.naturschutz-sylt.de • **Wie kommt man hin?** Westerlandstraße, Norderstraße, Westerlandstraße, Bus Nr. 3 bis Braderup

Die blühende Braderuper Heide

Freizeit

59. Fühl dich mit den Sylter Schafen wie in Irland.

Auf Sylt gibt es viel zu sehen. Ganz gleich, in welche Richtung man sich dabei wendet, an den Schafen kommt auf der Insel niemand vorbei. Zirka 160.000 Schafe leben auf Sylt und genießen hier den freien Auslauf auf den Deichen. Und das nicht ohne Grund: Denn statt die Deiche mit schweren Maschinen Form zu halten, sorgen auf Sylt die Schafe mit ihrem »goldenen Tritt« dafür, dass der Boden unter ihnen schön fest bleibt, selbst dann, wenn Maulwürfe und andere Kleintiere den Boden zuvor gelockert haben. Doch damit nicht genug, auch Rasenmäher und Vertikutierer können sich die Insulaner sparen. Die fröhlich blökenden Wollknäule sorgennämlich ganz nebenbei auch für einen gepflegten Rasenschnitt und einen dichten Bewuchs der Deiche. Damit ist das Schaf das wichtigste Haustier auf Sylt. Pro Jahr kommen mehr als 1.000 Lämmer auf der Insel zur Welt. Besonders gut können die Schafe im Inselnorden beobachtet werden. Rund um den Lister Ellenbogen grasen sie ungestört auf den Salzwiesen. Seit mehr als zehn Jahren werden jährlich im Juni die Nordfriesischen Lammtage abgehalten. Dort steht Lamm nicht nur auf der Speisekarte, es gibt auch viel Wissenswertes über die Sylter Lämmer zu erfahren. Wer mag, kann sich auf Sylt auch sehr gut mit Schafwolle eindecken, denn der nächste Winter kommt bestimmt.

Standort: alle Inselorte • **Termin:** 24 Stunden, Sommersaison • **Wie kommt man hin?** individuelle Anreise über die einzelnen Inselorte

Schafe sorgen für Irland-Feeling

Entdecke die Muschel-vielfalt

LAND & LEUTE

60. Sammle den kompletten Sylter Muschelsatz.

Den Sand zwischen den nackten Zehen, den Wind in den Haaren – ein Spaziergang am Meer hat stets seinen ganz besonderen Reiz und macht auch Kindern Spaß. Ist der Nachwuchs mit einem Eimer bewaffnet und darf auf Muschelsuche gehen, werden auch bei den Eltern Erinnerungen an unbeschwerte Kindertage und schier endlos lange Sommer wach. Neun Muschelarten kommen auf Sylt vor. Besonders beliebt und zahlreich an den Sylter Stränden sind die braunen länglichen Schwertmuscheln, welche sich für die verschiedensten Bastelideen nutzen lassen. Darüber hinaus gibt es weiße Herzmuscheln, Trogmuscheln, die grauschwarzen Sandklaffmuscheln, die geriffelte Amerikanische Bohrmuschel, die Rote Bohne, die bekannte Miesmuschel und natürlich Austern. Während die europäische Auster mittlerweile auf Sylt ausgestorben ist, hat sich die Pazifische Auster in den letzten Jahren im Wattenmeer ausgebreitet. Die Muscheln sind ein beliebtes Urlaubsmitbringsel und es können wunderschöne Andenken daraus entstehen, welche noch lange an die Ferien auf Sylt erinnern. Bevor die Basteleien beginnen, sollten die Muscheln gereinigt werden. Dies geschieht besonders zuverlässig, wenn man die Muscheln stets abkocht und mit Essigwasser bearbeitet. Glänzende Urlaubserinnerungen erhält man, indem man die Muscheln mit transparentem Nagellack lackiert. Wie wäre es nun mit einer selbst aufgefädelten Muschelkette, einem beklebten Bilderrahmen oder einer Collage vom letzten Sylt-Urlaub? Oder man drapiert die Muscheln mit etwas Sand in einem Glas: Fertig ist der Mini-Strand für daheim.

Standort: alle Strandabschnitte • **Öffnungszeiten:** 24 Stunden, ganzjährlich • **Wie kommt man hin?** individuelle Anreise über die einzelnen Inselorte

ABENTEUER

61. Fighte mit deinem Vierbeiner um den Hundstage Cup.

Urlaub mit Hund – ist auf Sylt kein Problem, solange man sich an die ausgeschriebenen Regeln hält. Wer das nötige Kleingeld aufbringen möchte, kann seinen Liebling im Hundetaxi befördern lassen, in die Hände eines Hundetrainers geben oder in der Hunde-Boutique stylisch einkleiden. Doch das Beste am Hundeurlaub auf Sylt kostet keinen Cent. Endlos lange Spaziergänge entlang der Wanderstrecken oder direkt am Strand. Dort ist es für den Vierbeiner natürlich besonders aufregend. Entlang der Sylter Westküste sind 17 Hundestrände ausgewiesen. Das Leinenverbot an vielen weiteren Stränden wird in der Nebensaison gelockert oder ganz aufgehoben. Mit anderen Hundehaltern kommt man ganz nebenbei auf der unweit des Sylter Flughafens gelegenen Hundewiese ins Gespräch. Alles im Zeichen der Vierbeiner steht im März und November, wenn die Sylter Hundstage über die Bühne gehen. Auf Hund und Herrchen warten vielfältige Workshops und Unternehmungen und wer sich den spannenden Wettkämpfen stellt und sich und seinen Vierbeiner so richtig auspowert, wird mit etwas Glück den begehrten Hundstage Cup in Händen halten. Übrigens, wer einmal kurzzeitig ohne

Hund unterwegs sein will, kann seinen Vierbeiner auch als Pensionsgast im örtlichen Tierheim einziehen lassen.

Standort: Wenningstedt • **Termin:** März und November, jeweils fünf Tage • **Wie kommt man hin?** Westerland Richtung Norden, Norderstraße, Westerlandstraße

SPORT

62. Lerne einen Lenkdrachen zu fliegen.

Drachen steigen lassen gehört zum Herbst dazu, wie die tanzenden Blätter, die stimmungsvollen Farben und der stürmische Wind. An einer frischen Brise mangelt es auf Sylt selten. Sind die Badegäste weniger geworden, nehmen die bunten Drachen zu und die Spaziergänger freuen sich an diesem Kinderspaß, der auf Sylt auch ganz professionell daherkommen kann. Bewaffnet mit einem Lenkdrachen werden auch die Erwachsenen wieder Kind. Ein Lenkdrachen tanzt zwar scheinbar voller Leichtigkeit in der Luft, es bedarf jedoch einiger Übung, denn so ein Lenkdrachen ist mit dem einfachen Spielzeugdrachen nicht zu vergleichen. Die Windstärke auf Sylt eignet sich für die klassischen Deltalenkdrachen ebenso, wie für Mattenlenkdrachen oder Vierleinerdrachen. Mit etwas Geschick wird man bald die ersten Kreise ziehen können. Mit anderen Drachenbändigern ins Gespräch kommt man an den speziell ausgewiesenen Drachenstränden, wie dem Strandabschnitt Samoa. Lenkdrachen sind auch an den Strandabschnitten Baak Deel und Dikjen Deel erlaubt. Im Herbst können an beinahe allen Sylter Stränden Drachen in den Himmel steigen, da eine Gefährdung von Badegästen ausgeschlossen werden kann.

Lenkdrachen-Action am Strand

Versprochen: Der Kinderspaß bekommt auf Sylt eine ganz neue Dimension. Einfach ausprobieren!

Standort: Strände der Insel • **Termin:** ganzjährlich mit Einschränkungen, bevorzugt Herbst • **Wie kommt man hin?** individuelle Anreise über die einzelnen Inselorte

63. Erlebe mit »Natürlich Sylt«, wie die Insel wirklich ist.

LAND & LEUTE

In Hochglanzmagazinen findet Sylt häufig Erwähnung. Die Schönen und Reichen flanieren über die Promenade von Westerland. Doch die Insel hat weit mehr zu bieten. Eine Begegnung ganz ohne Klischees verspricht das Magazin »Natürlich Sylt«. Es wird zweimal jährlich herausgegeben und ist kostenfrei. Dabei kann man sich die Zeitschrift sogar im Abo nach Hause liefern lassen. Hierfür genügt eine E-Mail an: info@sylt.de. Seit die Publikation im Jahre 2010 erstmals herausgegeben wurde, verfolgen die Macher ein Ziel, nämlich mit interessanten Geschichten aufzuwarten, welche sich nicht um die Hot Spots und den Jetset drehen, sondern um Sylt, seine Natur und die Menschen, die mit und von ihr leben. Dies ist für potentielle Touristen ebenso interessant, wie für Menschen, die auf Sylt leben und die Insel jeden Tag neu für sich entdecken. Die Einzigartigkeit der Insel und der Menschen, die sie zu dem machen, was sie ist, steht im Vordergrund der Geschichten, welche die Seiten füllen. So wird zum Beispiel in der aktuellen Ausgabe über den auf Sylt angebauten Grünkohl, über die Inselsprache Söl'ring oder über Schlick als Wellnessprodukt berichtet. Als Inspiration für den nächsten Urlaub sollte man sich das kurzweilige Magazin nicht entgehen lassen.

Standort: alle Inselorte • **Termin:** zweimal jährlich • **Weitere Infos und Termine:** www.sylt.de • **Wie kommt man hin?** individuelle Anreise über die einzelnen Inselorte

KULTUR

64. Lausche den Sylter Kirchenkonzerten.

Kirchen sind Orte der Ruhe, der Besinnung und der stillen Einkehr. Auf Sylt existieren drei evangelische Kirchgemeinden, sowie eine katholische, eine dänische und eine freikirchliche Gemeinde. Die Kirchen sind Zeugen der Inselgeschichte, bergen historische Schätze und so manche Kuriosität. In jeder Kirchengemeinde wird nicht nur zum Beten eingeladen, es finden auch abwechslungsreiche Konzerte statt. Dabei präsentieren sich die Kirchen als beeindruckende Klangkulissen für

Klassik, Moderne, Jazz, Gospel oder Oratorien. Regen Zulauf erfahren beispielsweise die Keitumer Mittwochskonzerte. Die Konzertreihe beginnt im Frühling und umfasst etwa 40 Veranstaltungen. Die St. Severin Kirche wird dabei zur Bühne für Orgelkonzerte und modern interpretierter Klassik. Hier kann man beispielsweise auch die Preisträger der von der Stiftung Musikleben veranstalteten Sylter Sommerkonzerte erleben. Zu einer schönen Tradition geworden sind auch die Adventskonzerte des Sylter Shanty Chors. Der Morsumer Konzertsommer hält in der St. Martin Kirche Konzerte für Orgel und Trompete, Barockkonzerte und neuzeitliche Darbietungen bereit. Die Konzerte finden im Rahmen des Kammermusikfestivals Sylt statt. Für ihre außergewöhnliche Akustik ist die Hörnumer Segelkirche bekannt. Auch unter dem Reetdach der Rantumer Kirche St. Peter kann anspruchsvoller Kirchenmusik gelauscht werden. Alle Konzerte in den Kirchen sind kostenfrei. Um eine Spende wird gebeten.

Standort: verschiedene Inselorte • **Termine:** individuell • **Nähere Infos und Termine:** www.kirche-auf-sylt.de • **Wie kommt man hin?** individuelle Anreise über die einzelnen Inselorte

65. Unternimm eine Wattwanderung.

ABENTEUER

Das Leben auf Sylt wird von Ebbe und Flut bestimmt. Im Wandel der Gezeiten zeigt sich die Insel facettenreich und vielschichtig. Eine Wattwanderung gehört auf Sylt einfach dazu. Verschwindet das Wasser, liegt plötzlich ein außergewöhnlicher Lebensraum vor unseren Augen frei. Erst, wer das Watt betritt und zwischen seinen Zehen fühlt, erst wer Herzmuscheln ausgegraben hat und Wattwürmer erspäht, sammelt und an die Angler verschenkt, der hat Sylt so richtig kennengelernt. Wattwanderungen sind allerdings ein Erlebnis mit Tücken. Seenebel kann wie aus dem Nichts auftauchen und Wanderern die Sicht nehmen, Schlicklöcher können zu gefährlichen Fallen werden und beim Betreten von Muschelfeldern ohne festes Schuhwerk können Schnittverletzungen an den Füßen die Folge sein. Wer sich allein ins Watt begibt, sollte sich beim Blick in den Tidenkalender die Wattwanderzeiten einprägen und möglichst den Strand im Auge behalten, damit er nicht die Orientierung verliert. Geführte Wanderungen geben Sicherheit und die Wattführer beantworten fachkundig Fragen. Beliebte Wattwanderungen starten in Hörnum oder in List, wo auch die Lister Austernbänke angesteuert werden. In Kampen, Keitum und Morsum werden auch kindgerechte Wattwanderungen angeboten. Diesen Spaziergang werden die Kleinen lieben!

Standort: verschiedene Inselorte • **Termin:** individuell • **Nähere Infos und Termine:** www.sylt.de/erleben/ausfluege-fuehrungen • **Wie kommt man hin?** individuelle Anreise über die einzelnen Inselorte

Das Watt: einzigartige Naturlandschaft

66. Erliege dem Charme der Sylter Reetdachhäuser.

LAND & LEUTE

Auf Sylt gibt es nur wenige Bausünden, romantische Friesenhäuser dafür umso mehr. Dabei fallen, neben den bunten Eingangstüren und den kleinen Sprossenfenstern, besonders die Reetdächer ins Auge. In einem Reetdachhaus rückt man gern näher zusammen, denn es strahlt einen ganz besonderen Charme aus. So gemütlich muss es sich auch für einen Igel unter seinem Stachelkleid anfüllen. Neben der optischen Behaglichkeit haben Schilfdächer auch einen ganz praktischen Nutzen. Reet besitzt sehr gute Isolationseigenschaften. Dies beschert den Bewohnern im Sommer angenehme Kühle und in der kalten Jahreszeit einen zuverlässigen Wärmeschutz. Ein Reetdach kann im Durchschnitt 30 Jahre alt werden. Es soll auf Sylt aber auch Reetdächer geben, die bereits ein Jahrhundert Wind und Regen getrotzt haben. Während das Reetdach als Markenzeichen der Inselbehausungen geblieben ist, hat sich die Aufteilung der Zimmer im Inneren der Friesenhäuser stark verändert. Einst gab es die Kööv genannte Wohnstube, den Pesel, eine zu Feierlichkeiten genutzte gute Stube, die Küche und die Kammer. Auffällig sind die Klöntüren, zweiteilige Haustüren, welche einst verhindern sollten, dass das Vieh ausbrach. Wer sich das einmal ganz genau ansehen will, ist im »Altfriesischen Haus« richtig. Das als Museum betriebene Gebäude wurde im Jahre 1737 erbaut und zeigt die ursprüngliche Aufteilung der Sylter Häuser. Mit etwas Glück wird man zudem sein Feriendomizil in einem urigen Friesenhaus beziehen können. Wer sich gar nicht an den mächtigen Rohrdächern satt sehen kann, muss nach

Kampen. Dort sind Reetdachhäuser nämlich bei allen Neubauten vorgeschrieben.

Standort: alle Inselorte • **Termin:** ganzjährlich, nur von außen zu besichtigen • **Wie kommt man hin?** individuelle Anreise über die einzelnen Inselorte

KULTUR

67. Fotografiere den Leuchtturm am Roten Kliff zu jeder Stunde des Tages.

Fotomotive sind auf Sylt buchstäblich wie Sand am Meer zu finden. Fotografen sind immer wieder aufs Neue fasziniert von den vielfältigen Stimmungen, dem unverwechselbaren Licht, den immer neuen Wolkenformationen und dem Meer, immer in Bewegung zwischen sanft und stürmisch. Wer sich mit einer Kamera bewaffnet, wird täglich neue Motive finden. Am Strand lässt sich allerlei Abenteuerliches vor die Linse bekommen. Vom buddelnden Nachwuchs bis zur Nahaufnahme einer Muschel im Sand, dem bunten Treiben der Strandvögel und romantischen Sonnenuntergängen. Entlang des 40 Kilometer umfassenden Strandes findet jeder sein Lieblingsmotiv. Die Sylter Leuchttürme sind Wahrzeichen der Insel und beliebte Fotomotive zugleich. Ein besonders beliebtes Motiv ist dabei der bereits 1857 erbaute Lister Leuchtturm. In den Abendstunden zeigt sich der achteckige Leuchtturm am Roten Kliff in seinem schönsten Licht. Wer auf Sylt fotografiert, kann das gleiche Motiv jedoch auch zu unterschiedlichen Tageszeiten aufnehmen, es wird sich immer wieder

Der Leucht-
turm am
Roten Kliff

anders präsentieren. Der Sonnenuntergang am Roten Kliff, der Sonnenaufgang von der Uwe-Düne, die Idylle der Braderuper Heide oder das lebendige Treiben in der Friedrichstraße in Westerland, Motive für das eigene Fotoexperiment gibt es viele. Welches zum ganz eigenen Favorit wird, gilt es herauszufinden.

Standort: alle Inselorte • **Termin:** 24 Stunden, ganzjährlich • **Wie kommt man hin?** individuelle Anreise über die einzelnen Inselorte

68. Schicke eine Flaschenpost auf die Reise.

ABENTEUER

Per E-Mail und SMS sind Nachrichten schnell verschickt, doch wo bleibt dabei die Romantik, die Spannung, der Nervenkitzel. Wer schon einmal eine Flaschenpost gefunden hat, der weiß, welche Faszination von diesen ganz besonderen Nachrichten ausgeht. Einst steckten Hilferufe in der Flasche, verfasst von Schiffbrüchigen, welche verschollen auf hoher See auf Rettung warteten. Die erste dokumentierte Flaschenpost wurde von Georg Neumayer zu Forschungszwecken im Jahre 1864 in Kap Horn ins Meer geworfen. Neumayr wollte anhand der Flaschen Wind- und Meeresströmungen erforschen. Ganze 101 Jahre war eine im Frühjahr 2014 in der Kieler Förde aufgefundene Flaschenpost unterwegs. Die Enkelin des Absenders staunte nicht schlecht über den ungewöhnlichen Fund. Warum also nicht einmal selbst eine Flaschenpost auf eine spannende Reise mit unbekanntem Ziel schicken? Das Experiment führt einem die Weite und Unendlichkeit des Meeres vor Augen und man wartet mit Spannung darauf, dass einen eine Nachricht vom Finder erreicht. Also eine stabile Glasflasche verwenden, Malen und Schreiben, was einem auf dem Herzen liegt, Absender nicht vergessen und ab damit ins

Schick eine Flaschenpost auf Reisen

Meer. Wie schnell eine Flaschenpost reisen kann, wurde erst kürzlich deutlich, als in Hörnum eine Flaschenpost angespült wurde, welche sechs Tage zuvor auf Wangerooge ins Meer geworfen wurde.

Standort: alle Inselorte • **Termin:** 24 Stunden, ganzjährlich • **Wie kommt man hin?** individuelle Anreise über die einzelnen Inselorte

69. Segle auf der Sylter Sailing Week.

Wenn der Sommer im August seinen Höhepunkt erreicht, erleben Sylt-Urlauber und Einheimische am Brandenburger Strand einen weiteren Jahreshöhepunkt. Professionelle Segler und Fans des Segelsports treffen sich dann nämlich an zehn Tagen in Westerland zur Sylter Sailing Week. Ein hochkarätiges Sport- und ein ebensolches Rahmenprogramm machen die Veranstaltung nunmehr seit 20 Jahren zu einem Publikumsmagneten. Die VIP-Regatta und die Sylt Tourist Open sind sportliche Wettbewerbe mit einem hohen Spaßfaktor. Während sich bei der VIP-Regatta zahlreiche Prominente auf die Boote wagen, können Urlauber die sogenannten Vorschroterplätze auf den Booten der Sylt Tourist Open gewinnen und dort mit renommierten Profis zum Nulltarif auf Segeltour gehen. Wer kein Glück hat, den Segeltörn seines Lebens zu machen, hat noch immer die Gelegenheit das abwechslungsreiche Treiben auf See vom Strand aus zu beobachten. Und eine kleine Entschädigung für den verpassten Trip ist mit Sicherheit der Segelsimulator, der kostenfrei genutzt werden kann. Für

Unterhaltung ist zudem auf der Showbühne gesorgt. Dort werden die Segelwettbewerbe kommentiert und die Sieger gekürt, bevor der Abend mit Musik und Partystimmung ausklingt.

Standort: Westerland, Hauptstrand • **Termin:** August, zehn Tage • **Weitere Infos und Termine:** www.syltsailingweek.de • **Wie kommt man hin?** Westerland Bahnhof, Friedrichstraße, Strandpromenade, alle Busse bis ZOB oder Stadtmitte

ABENTEUER

70. Entdecke aufregende Unterwassergärten.

Zum Tauchen eignen sich nicht nur exotische Ziele, auch die Nordsee ist nicht nur auf dem Wasser, sondern auch unter ihrer Oberfläche ein wahres Paradies für Wassersportler. Wer vor Sylt abtaucht, erlebt das der Nordsee eigene Farbenspiel. Dabei herrschen die Farben Blau, Grün und Braun vor. Das Reich der Tiefe wird belebt von Krebsen, Krabben, Karpfen oder Welsen. Besondere Spannung verspricht das Wracktauchen. Einer der beliebteste Tauchspots der Insel, an dem dieses Abenteuer möglich wird, ist der Hörnumer Oststrand. Etwa fünf Seemeilen vor der Sylter Westküste lief 1944 der Reichsseezeichendampfer »WIK« auf Grund, nachdem er auf eine Mine lief. In zwölf Metern Tiefe ist mit der Zeit eine lebendige Unterwasserwelt rund um das Wrack entstanden. Heute können Taucher bis in das Innere des Wracks vordringen und dort auf Schwertmuscheln und Butterfische stoßen. Tauchanfänger sollten sich jedoch bei ihren ersten Tauchgängen vor Sylt noch nicht so weit vorwagen und sich lieber in der Nähe der Uferbefestigungen aufhalten. Hier ist man vor Strömungen geschützt und trifft bereits in wenigen Metern Tiefe auf Seesterne, Krebse, Barsche oder Aale.

Standort: Hörnum, Oststrand • **Termin:** Wracktauchen etwa 30 Minuten vor Hochwasser, bis eine Viertelstunde nach Einsetzen der Ebbe • **Wie kommt man hin?** Westerland, Rantumer Straße, Hörnum, Parkplatz am Leuchtturm, Bus Nr. 2 bis Hörnum

71. Mach dich fit im Nordic Walking Park.

SPORT

Längst werden die Menschen, die sich mit zwei Stöcken bewaffnen und damit flotten Schrittes durch die Lande unterwegs sind, nicht mehr belächelt. Nordic Walking ist besser als sein Ruf und zählt zu den gesündesten Ausdauersportarten, die wir kennen, denn bei moderater Bewegung ohne den Puls zu sehr anzustrengen, lässt sich am besten Stress abbauen. Auf Sylt profitiert der Nordic Walker zusätzlich von der wohltuenden Nordseeluft, die einem hier um die Nase weht. Wer es wirklich ernst mein, mit dem Nordic Walking, kommt um den 220 Kilometer langen Nordic Walking Park auf Sylt nicht herum. Dort herrscht zu jeder Jahreszeit reger Betrieb, denn die Sportart ist nun mal für jeden geeignet und man benötigt kein teures Equipment. Mit festem Schuhwerk und einer Wasserflasche ist man bereits perfekt ausgerüstet. Nicht einmal Stöcke muss man in den Park mitbringen, da sie vor Ort (allerdings gegen Gebühr) ausgeliehen werden können. In den Nordic Walking-Parcours kann in jedem Inselort eingestiegen werden. Als Orientierung dient die farbliche Kennzeichnung der einzelnen Routen. Die blau ausgewiesenen Strecken sind für Anfänger ideal. Wer bereits aktiv Nordic Walking betreibt, kann gleich die roten Strecken in Angriff nehmen. Die schwarzen Markierungen bieten dagegen anspruchsvolle Routen. Deren Schwierigkeit wird weniger von ihren Steigungen, als von der Tiefe des Sandes bestimmt. Ein Großteil der insgesamt 26 verfügbaren Routen führt unmittelbar am Meer entlang. Entlang des Streckennetzes gibt es zudem Hinweisschilder und Kartenmaterial, das bei der Orientierung hilft.

Standort: alle Inselorte • **Öffnungszeiten:** 24 Stunden, ganzjährlich • **Weitere Infos und Termine:** www.sylt.de • **Wie kommt man hin?** Einstieg in jedem Ort der Insel möglich

LAND & LEUTE

72. Entlocke dem Sylter Söl'ring seine Bedeutung.

In Bayern spricht man bayrisch, in Sachsen sächsisch und im Norden friesisch. Dies ist nur die halbe Wahrheit. Zweifel kommen auf, wenn »Mi gar't gur« und andere Wortfetzen zum Sylt-Urlauber durchdringen. Handelt es sich vielleicht um skandinavisch oder gar um eine unbekannte englische Dialektform? Nichts dergleichen ist der Fall, denn die Insel besitzt mit Söl'ring ihren ganz eigenen Dialekt. Etwa 700 Insulaner beherrschen die exotisch anmutende Sprache noch. Nicht nur akustisch lässt sich Söl'ring auf der Insel vielerorts vernehmen, der nordfriesische Dialekt hat auch in die Literatur

Einzug gehalten. Neben kurzen Geschichten ist mit »Di lekkelk Stjutürman« im Jahre 1833 auch ein ansehnlicher Roman entstanden. Der Pfarrer Peter Michael Clemens machte sich ebenfalls um die Sylter Sprache verdient und wagte sich an die Übersetzung des Neuen Testaments. Der Verleger Christian Peter Christiansen setzte Anfang des 20. Jahrhunderts mit seiner Sylter Hymne »Üüs Sölring Lön« dem Söl'ring ein Denkmal. Auf vielen Veranstaltungen ist das Lied zu hören. Damit die Insel ihre Sprache behält, wurde der Verein Söl'ring Foriining gegrüdnet, der versucht, das Brauchtum Sylts zu bewahren. Wer jetzt auf den Geschmack gekommen ist und die Sylter Sprache verstehen lernen will, hat dazu Gelegenheit, die jährlich angebotenen Sprachkurse des Vereins zu besuchen.

Standort: alle Inselorte • **Weitere Infos und Termine:** www.soelring-foriining.de

73. Heirate im Hörnumer Leuchtturm.

ABENTEUER

Die Erbauung des Hörnumer Leuchtturmes war Teil des ehrgeizigen Projektes, die Südspitze Sylts Anfang des 20. Jahrhunderts endlich zu bebauen, statt in einem wüstenähnlichen Zustand zu belassen. Der Leuchtturm auf der »Weißen Düne« besteht aus mehr als 600 gusseisernen Platten, die im Ruhrgebiet hergestellt wurden. Im August 1907 nahm der Hörnumer Leuchtturm seinen Betrieb auf. Die Lampe musste damals per Hand mit Petroleum betrieben werden. Der Anschluss an das Stromnetz erfolgte erst im Jahre 1948. Seit 1976

Hochzeit im Leuchtturm? Aber klar doch!

wird das über 40 Kilometer aufs Meer strahlende Licht ferngesteuert. Der Hörnumer Leuchtturm erfüllte jedoch noch mehrere Funktionen. So konnten zwischen 1914 bis 1933 die Hörnumer Schüler beim Lernen Meerblick genießen. Das historische Klassenzimmer im Turm kann heute besichtigt werden. Viele Paare erfüllen sich hier dagegen einen anderen Traum und treten im Leuchtturm vor den Altar. Dies ist zwischen April und Oktober möglich. Schwindelfrei sollte man sein, wenn man sich im kleinen Trauzimmer im siebten Stockwerk des Leuchtturms das Ja-Wort geben möchte. Anschließend gibt es eine Leuchtturmführung gratis und die Frischvermählten können den Ausblick vom beinahe 50 Meter hohen Leuchtturm genießen und mit Hörnumer Leuchtturmsekt ihr Glück besiegeln. Führungen können jederzeit, auch ohne Trauschein, unter: info@hoernum.de gebucht werden.

Standort: An der Düne, Hörnum • **Öffnungszeiten:** Mo- Do 9-13 Uhr • **Wie kommt man hin?** Westerland, Hörnumer Straße, Rantum, Hörnum, Bus Nr. 2 bis Hafen Hörnum

74. Kicke beim Beachsoccer durch den Sand von Hörnum.

SPORT

Ursprünglich hat sich der Strandfußball in Brasilien im ausgehenden 19. Jahrhundert entwickelt. Europäische Seefahrer probierten damals aus, ob sie den Ball auch im Sand trafen. In den 1950er Jahren fanden dann in Brasilien die ersten Turniere statt. Heute gibt es sogar eine inoffizielle Weltmeisterschaft. Von der Copacabana ist dieser Trend längst auch nach Sylt übergeschwappt: In jedem Jahr trifft man sich Mitte Juli am Hörnumer Strand zum Beachsoccer-Turnier. Da es sich um ein offenes Turnier handelt, werden die Bewerbungen der Mannschaften kurzfristig vor Ort entgegengenommen. Wer vorab trainieren möchte, hat am Fun-Beach in Westerland dazu Gelegenheit. Dort tritt man regelmäßig im Beachsoccer gegeneinander an. Eine Mannschaft besteht übrigens nur aus vier Feldspielern und einem Torwart. In Hörnum wird um Preisgelder und Sachpreise gespielt. Besonders talentierte Teams schaffen vielleicht sogar die Qualifikation für das Landesfinale im August in Damp. Wer eigentlich beim Fußball lieber nur zuschaut und mitfiebert, wird ebenfalls nicht enttäuscht. Das Turnier wird flott moderiert und ein DJ sorgt für heiße Rhythmen.

Standort: Hörnum, Strand • **Termin:** zwei Tage, Mitte Juli • **Weitere Infos und Termine:** www.flens-beach-trophy.de • **Wie kommt man hin?** Westerland, Rantum, Hörnum

SPORT

75. Erlebe High-Speed-Segler beim Cat Festival.

Mit schnurrenden Vierbeinern hat das Cat Festival Sylt wenig gemein, aber schnell und wendig sind sie allemal, die Katamarane, denen bei diesem Event die ganze Aufmerksamkeit gilt. Katamarane sollen bereits die Römer genutzt haben. Anfang des 19. Jahrhunderts steuerte man damit den Hafen von New York an. Die Boote verfügen über zwei Rümpfe, sind leicht und kommen schnell auf

Spaß beim Beach-soccer am Strand

Schnelle Katamarane beim Cat Festival

Touren. Davon können sich auch die Besucher des am Hörnumer Oststrand ausgetragenen Cat Festival Sylt überzeugen. Zwei Wochen im Juli oder August stehen ganz im Zeichen der Boote, die einst aus zusammengebundenen Baumstämmen zusammengezimmert wurden. Am ersten Veranstaltungswochenende steht die Regatta »60 Seemeilen vor Sylt« an. Unter der Woche können die Boote von den Besuchern in Augenschein genommen werden und es werden Segeltouren zu den benachbarten Inseln angeboten. Am zweiten Wochenende kämpfen die Sportler auf der Super-Sail-Sylt um Punkte. Das Rahmenprogramm startet mit einer Welcome-Party. An beiden Wochenenden kommen Besucher bei der Beach-Party in Stimmung. Bei Romantikern beliebt: die Abende am Lagefeuer.

Standort: Hörnum, Oststrand • **Termin:** Juli/August, zwei Wochen • **Weitere Infos und Termine:** www.sylter-catamaran-club.de • **Wie kommt man hin?** Westerland, Inselstraße Richtung Süden, Hörnum, Hafen, Bus Nr. 2 bis Hörnum

SPORT

76. Fahre auf den kürzesten Rodelbahnen der Welt.

Sylt, eine Wintersportdestination? Weit gefehlt. Nichts desto trotz, es gibt ihn doch, Schnee auf Sylt. So ganz rechnen die Sylter allerdings nie damit und es dauert meist einige Zeit, bis die Schneeschippen gefunden und die Pudelmützen tiefer ins Gesicht gezogen werden. Bewaffnet mit Skiern wird man auf Sylt vollkommen verloren wirken, denn gespurte Loipen werden wohl ein Traum bleiben. Ein Rodelschlitten macht bei einem Wintereinbruch da schon eher Sinn. Damit kann zum Beispiel die Tinnumburg angesteuert werden. Der alte Kultort bietet immerhin acht Meter Rodelspaß. Am Grünen Kliff in Keitum misst die Rodelbahn ganze 13 Meter. Ein kurzer, aber lustiger Spaß. Lässt der Frost die Teiche zwischen den Inselorten gefrieren, können die Schlittschuhe auf Sylt ausgepackt werden. Gefahrloses Eisvergnügen bietet die Kunsteisbahn an der Sturmhaube in Kampen. Zwischen Ende November und Ende Februar steht dieses Wintervergnügen jedem offen. Die Kunsteisbahn öffnet täglich zwischen 14 und 22 Uhr. Neben Eislaufen ist auch Eisstockschießen eine Option, den Sylter Winter aktiv zu gestalten. Es soll Sylter geben, die während der kalten Jahreszeit übermütig werden und gar das Surfbrett zum Snowboard werden lassen. Und dann gibt es da ja auch noch den launig-exzentrischen Skiclub Kampen. Der beweist auf der Insel statt auf der Piste vor allem bei seinen Sommerpartys Stehvermögen (mit eigenen Spirituosen-Kollektion).

Standort: Keitum, Archsum, Tinnum • **Termin:** in jedem Winter • **Wie kommt man hin?** individuelle Anreise zu den einzelnen Inselorten

77. Lerne, wie Seenotretter arbeiten.

LAND & LEUTE

Die Deutsche Gesellschaft zur Rettung Schiffbrüchiger (DGzRS) hat sich seit 1865 die Wahrung der Sicherheit auf Nord- und Ostsee auf die Fahnen geschrieben.

So auch auf Sylt. Die Geschichte der Seenotretter hier begann im Jahre 1936 im Hörnumer Hafen. Damals kam mit der »Hamburg« das erste Motorrettungsboot zum Einsatz. Heute kann die ausschließlich aus Spenden und freiwilligen Zuwendungen finanzierte Gesellschaft auf 54 Stationen verweisen und hat 60 Schiffe im Einsatz. Die Flotte reicht vom kleinen Rettungsboot bis zum beinahe 50 Meter langen Seenotkreuzer. Bei Wind und Wetter im Einsatz zu sein, um Menschen aus Seenot zu retten, ist für die 180 fest angestellten Besatzungsmitglieder und die etwa 800 Freiwilligen eine Selbstverständlichkeit. Am Standort Hörnum sind etwa zehn freiwillige Seenotretter im Einsatz. Das in Hörnum eingesetzte Seenotrettungsboot »Horst Heiner Kneten« verdankt seinen Namen einem großzügigen Spender, welcher den Bau des Schiffes ermöglichte. Die »Horst Heiner Kneten« ging im Jahr 2006 in Betrieb. Mit bis zu 18 Knoten (immerhin über 30 km/h) ist das Boot unterwegs und kann bis zu 26 Schiffbrüchige an Bord nehmen. Während der Sommermonate wird Besuchern im Rahmen der Aktion Open Ship Gelegenheit gegeben, das Rettungsboot zu besichtigen und im Rahmen von Vorträgen und Veranstaltungen mehr über die Arbeit der Seenotretter zu erfahren.

Standort: Hafen, Hörnum • **Öffnungszeiten:** Besichtigungsmöglichkeit während der Sommermonate • **Weitere Infos und Termine:** www.seenotretter.de • **Wie kommt man hin?** Westerland, Rantum, Hörnumer Straße, Bus Nr. 2 bis Hafen Hörnum

78. Entspanne beim Golfen.

Sport

Golf ist nicht nur eine Beschäftigung für gelangweilte Schöne und Reiche. Auf Sylt wird Golfsport für jedermann offeriert. Die Insel verfügt über vier Parcours. Dort haben auch Nicht-Mitglieder Zugang, um einfach dabei zuzusehen, wie die kleinen Bälle in scheinbar noch kleineren Löchern verschwinden oder um sich bei einem Schnupperkurs zu versuchen. An Tagen der offenen Tür darf auch kostenfrei eingelocht und am Handicap gefeilt werden. Die Anlagen befinden sich an den reizvollsten Plätzen der Insel und sind schon allein deshalb einen Besuch wert. Der heimliche Star dabei ist der Hörnumer Golfplatz, jüngst zum »Besten neuen Golfplatz Deutschlands« gekürt. Es handelt sich um einen der wenigen Links-Golfplätze in Deutschland. Dabei ist das Areal weder nur Linkshändern vorbehalten, noch wird entgegen des Uhrzeigersinns gespielt. Als Linksland wird ein rauer Landstrich bezeichnet, der sich nicht zur Viehhaltung oder Landwirtschaft eignet, dafür aber wie geschaffen für Golfer ist, welche nach einer span-

Entspannung pur beim Golfen

nenden Herausforderung suchen und dabei rauen Wind sowie widrigen Untergrund wie Sand nicht scheuen. In Deutschland gibt es nur drei Golfplätze, welche diesen Anforderungen gerecht werden. Der Sylter Parcours ist zudem die einzige 18 Löcher umfassende Anlage. Wer seine Ferien im Hotel Brudersand verbringt, genießt beste Sicht auf das Areal. Ein Geheimtipp für Leseratten am Rande: Das Hotel verfügt über eine gut bestückte Bibliothek, zusammengestellt von keiner Geringeren als Elke Heidenreich.

Standort: Hörnum • **Öffnungszeiten:** Februar bis Dezember • **Weitere Infos und Termine:** www.gh-budersand.de • **Wie kommt man hin?** Inselstraße Westerland Richtung Süden, Rantum, Hörnum, Bus Nr. 2 bis Hörnum Hafen, Straße Am Kai

BESONDERE ORTE

79. Entdecke eine Oase in der Wüste.

Die Geschichte Hörnums ist jünger als gedacht. Gehen wir knapp 100 Jahre zurück, breitet sich vor unseren Augen ein wüstenähnliches Terrain ohne jegliche Bebauung aus. Fischer sollen allerdings bereits um 1500 hier kurzzeitig Quartier bezogen haben. Urkundlich erwähnt wurde »Hornum« erstmals im Jahre 1649. Wanderdünen und Sturmfluten machten die Südspitze Sylts jedoch lange Zeit zu einem unwirtlichen Gelände, auf dem eine dauerhafte Besiedlung nicht möglich schien. Noch im Jahre 1817 verglich der Strandvogt Decker das heutige Ortsgebiet mit einer Wüste und hielt eine dauerhafte Bebauung für unmöglich. Nachdem eine zur Bergung von Strandgut errichtete Holzhütte keine zehn Jahre später unter Sand begraben lag, fanden diese Aussagen ihre Bestätigung. Erst durch die Bepflanzung der Dünen mit Strandhafer entspannte sich die Lage nach und nach. Als erster mutiger Häuslebauer erwies sich der Reeder Alfred Ballin, welcher im beginnenden 20. Jahrhundert das Hapag-Haus errichten ließ und damit einen Anleger für die Inselbahn schuf. So wurde das Hapag-Haus zum ersten Gebäude Hörnums, welches den Naturgewalten trotzte und noch heute besteht. Zunächst wurde im Gebäude das Hotel Bettina betrieben. Nachdem ein weiteres Hotel und ein Restaurant einzogen, verfiel das Gebäude zusehends. Im Jahre 2013 erwachte das Hapag-Haus jedoch aus seinem Dornröschenschlaf und wurde als Hotel 54° NORD wiedereröffnet. Am ersten Haus in der Hörnumer Wüste sollte man nicht achtlos vorübergehen.

Standort: Strandstraße, Hörnum • **Öffnungszeiten:** ganzjährlich • **Weitere Infos und Termine:** www.hotel54gradnord.de • **Wie kommt man hin?** Westerland, Rantum, Hörnum, Bus Nr. 2 bis Hörnum

80. Lerne surfen.

SPORT

Auch wenn das Surfen in den USA entstand, wird in Europa nicht selten Sylt als Wiege des Sports angesehen. Tatsächlich bewiesen die Sylter diesbezüglich Pioniergeist. Ein gewisser Calle Schmidt wettete hier einst in den 1970er Jahren um einen Kasten Bier, dass er sich auf einer bügelbrettähnlichen Holzplatte über Wasser halten kann. Die Wette hat er übrigens gewonnen und nicht nur das, 1972 eröffnete er die erste Surfschule

Europas in Munkmarsch. Die Sylter frönen seither ihrem Lieblingssport und Surfer aus aller Welt beteiligen sich am legendären Surfcup vor der Küste von Westerland. Surfer finden auf Sylt einfach beste Bedingungen. Dabei bietet sich für die ersten Surfversuche besonders der geschützte Inselosten an. Geübte Wellenreiter können im wilderen Westen der Insel bei ihren gewagten Manövern beobachtet werden. Windsurf-Legende Calle Schmidt steht übrigens in Munkmarsch noch immer gern Rede und Antwort. Surfschulen befinden sich auch am Lister Hafen und in Westerland. Ob man sich auf dem Surfbrett wirklich zuhause fühlt, lässt sich am besten bei einem Schnupperkurs herausfinden. Im Rahmen der Surf-Events gibt es dazu auch hin und wieder kostenfrei Gelegenheit.

Standort: Sylt, Ostküste, Westküste • **Termin:** Sommersaison • **Wie kommt man hin?** individuelle Anreise über die Inselstraße

Ideale Bedingungen für Surfanfänger

81. Bejuble die Kunst der Ringreiter.

LAND & LEUTE

Die Ringreiter sind jedem auf Sylt ein Begriff. Auf der Insel handelt es sich beinahe um eine Massensportart. Ganze acht Vereine sind aktiv und folgen der im Jahre 1861 begründeten Tradition. Doch was macht ihn nun aus, diesen ganz eigenen Sport? Eigentlich braucht es nur eine Lanze, einen kleinen Messingring und natürlich Pferd und Reiter. Der Messingring baumelt an Seilen zwischen zwei Balken, dem Galgen. Dort geht es für die Akteure darum, den Miniring mit der Lanze aufzuspießen. Der kleinste Ring misst dabei im Durchmesser gerade einmal zwölf Millimeter und stellt die Ringreiter vor eine außerordentliche Herausforderung. Um den Ring zu erhaschen, dürfen sie sich nämlich nicht aus dem Sattel bewegen. Einst war das Ringreiten eine reine Männerdomäne. Heute sind auch drei weibliche Vereine aktiv. Während der Sommermonate gibt es bei neun Turnieren ausreichend Gelegenheit, den Inselsport kennenzulernen und die Akteure anzufeuern. Die Wettkämpfe finden in den idyllischen Friesendörfern Morsum, Archsum und Keitum statt, was einem Abstecher zusätzlichen Anreiz verleiht.

Standort: Morsum, Archsum, Keitum • **Termin:** wechselnde Termine, Mai bis August • **Nähere Infos und Termine:** www.insel-sylt.de/veranstaltungen/ringreiten • **Wie kommt man hin?** individuelle Anreise über die Inselstraße

FREIZEIT

82. Verbringe einen Tag am Strand Buhne 16.

Der Strandabschnitt Buhne 16 ist ein Domizil für Wellenreiter und Familien. Doch wer sich hier im Sand ausstreckt und den Surfern, die über die Wellen hüpfen zuschaut, taucht auch ein in ein Stück ganz besonderer Inselgeschichte. An diesem Strandabschnitt waren die Schönen und Reichen in den 1970er Jahren unter sich und begannen, der Insel einen Stempel aufzudrücken, welcher ihr bis heute anhaftet. Gunter Sachs feierte hier wilde Partys und scharte den internationalen Jetset um sich. In den 1980er Jahren wurde das Strand-Bistro »Buhne 16« zum angesagten Szenetreff. Heute versammelt sich hier eine bunte Schar illustrer Gäste, unabhängig von Geldbeutel oder Kleiderordnung. Etwa zehn Minuten idyllischen Fußweg musst man in Kauf nehmen, um zum Kult-Bistro zu gelangen. Zwischen Ostern und Mitte Oktober ist hier geöffnet. Nostalgie macht sich auch breit, wenn man am Strand den Surfern zusieht oder selber sein Surfbrett besteigt, denn an genau dieser Stelle schlug die Geburtsstunde des Surfens auf Sylt. Die Brüder Behrens waren zum Beispiel in den 1960er Jahren als Rettungsschwimmer tätig und funktionierten damals ihre Rettungsbretter kurzerhand zu Surfbrettern um.

Standort: Kampen • **Öffnungszeiten:** täglich 24 Stunden • **Weitere Infos und Termine:** www.buhne16.de • **Wie kommt man hin?** Kampen, Listlandstraße, Strand, Bus Nr. 1 bis Kampen Mitte

83. Rate, wann das Haus Kliffende im Meer versinkt.

BESONDERE ORTE

Dort, wo das Rote Kliff zu Ende ist, beginnt nicht etwa das tosende Meer. Hier trotzt das Haus Kliffende seit mehr als 100 Jahren Wind und Wellen. Und tatsächlich hat man das Gefühl, als würde hier die Welt enden. Das Gebäude selbst hat eine bewegte Geschichte hinter sich. Im Jahr 1925 schenkte der Berliner Buchhändler Heinrich Tiedemann das Haus seiner Frau, der Schauspielerin Clara Tiedemann. Beide hatten sich bei einem ersten Aufenthalt, fünf Jahre zuvor, in die Insel verliebt und beschlossen, auf Sylt ein Gästehaus zu führen. Clara Tiedemann betrieb das Haus Kliffende bis 1955. Während dieser Zeit gaben sich zahlreiche bekannte Persönlichkeiten die Klinke in die Hand. Eine gewisse Berühmtheit erlangte dabei der Tagebucheintrag von Thomas Mann: »An diesem erschütternden Meere habe ich tief gelebt…« Auch der Maler Emil Nolde lebte sechs Monate im Haus Kliffende. Während dieser Zeit schuf er beinahe 20 Bilder. Clara Tiedemann wurde als freundliche Gastgeberin beschrieben, welche regen Kontakt zu ihren Gästen pflegte, diesen aber auch unmissverständlich klar zu verstehen gab, wenn sie im Haus Kliffende nicht erwünscht waren. Nach dem Tod ihres Mannes verließ Clara Tiedemann 1955 die Insel. Das Haus Kliffende wurde zunächst als Gästehaus für Mitarbeiter der Deutschen Bank genutzt. 1998 erwarben fünf zahlungskräftige Privatiers das Gebäude. Acht Millionen D-Mark war ihnen das geschichtsträchtige Haus in exponierter Lage wert. Wie lange die Investoren allerdings hier noch wohnen können, ist unklar. Die Kliffkante ist nur noch zirka 40 Meter vom Haus entfernt. In den letzten Jahren setzten schwere Stürme wie »Anatol« nicht nur dem Kliff, sondern auch dem Haus selbst zu.

Standort: Kampen • **Öffnungszeiten:** nur von außen zu besichtigen • **Wie kommt man hin?** Westerland, Wenningstedt, Riperstig Kampen, Bus Nr. 1 bis Kampen Mitte

SPORT

84. Fahre per Rad von Süden nach Norden.

Die Größe der Insel Sylt ist durchaus überschaubar. Sie ist etwa 38 Kilometer lang und zwischen 360 Metern und 16 Kilometern breit. Warum also nicht einfach einen Gang zurückschalten, dem Auto eine Ruhepause gönnen und ganz entspannt über die Insel radeln. Ein 200 Kilometer umfassendes Radwegenetz garantiert herrlichen Meerblick, Wind in den Haaren und zahlreiche Hingucker entlang der Strecke. Eine der ambitioniertesten Touren führt vom Südzipfel der Insel in Hörnum bis ganz in den Norden nach List. Dabei fährt man auf Teilen der Süd-, der Geest- und der Nord-Tour. Doch selbst wer seine Kräfte bei dieser Radtour überschätzt, muss nicht bangen und kann zu jederzeit auf den Linienbus ausweichen. Dieser nimmt nämlich auch erschöpfte Radler samt Drahtesel auf. Viel zu sehen gibt es auch auf einer Tour von Westerland nach Wenningstedt. Der knapp zwölf Kilometer lange Radweg führt vorbei an verschiedenen Inselkirchen, dem Sylt Aquarium oder den Hünengrab Denghoog. Natur pur erleben Radler im Sylter Osten. Hier radelt man 32,5 km am Deich entlang, passiert mit Keitum und Morsum ursprüngliche Friesendörfer und bestaunt das Morsum-Kliff. Eine anspruchsvolle Tagestour lässt sich von Westerland in den Inselnorden unternehmen. Das wildromantische Listland und die Braderuper Heide liefern unvergessliche Eindrücke. Bevor man sei eigenes Rad mit auf die Insel nimmt, sollte man sich bei seinem Vermieter nach einen Leihfahrrad erkundigen. In vielen Unterkünften stehen Räder bereit, welche kostenfrei genutzt werden können. Über den Hindenburgdamm werden Fahrräder für neun Euro transportiert. Wer seinen Drahtesel auf das Fahrzeugdach schnallt, zahlt keinen Aufpreis.

Standort: gesamte Insel • **Öffnungszeiten:** 24 Stunden, ganzjährlich • **Wie kommt man hin?** individuelle Anreise über die Inselorte

Sylt an einem Tag per Rad entdecken

FAMILIE

85. Werde zum Kind auf den Spielplätzen auf Sylt.

Kein Strandwetter? Bevor sich beim Nachwuchs trübe Stimmung einstellt, kann man die Kids doch einfach auf die Spielplätze der Insel entführen. Dort fällt es leicht, selbst wieder ein bisschen Kind zu sein. Mehr als 20 Spielplätze weisen die Inselorte aus. Einer der schönsten liegt in Keitum. Das 1.500 qm große Areal wurde im Jahre 2009 seiner Bestimmung übergeben. Verschiedene Holzaufbauten bieten abwechslungsreichen Spiel- und Kletterspaß. Buntes Treiben herrscht am Spielplatz an der Westerländer Strandpromenade, schließlich möchte jeder das Piratenschiff entern. Wer es ruhiger mag, ist auf dem Morsumer Spielplatz gut aufgehoben. Hinter dem Morsum Hüs können sich die Kids nicht nur austoben und die große Seilpyramide erklettern, es darf auch gegrillt werden. Besonders groß ist die Auswahl

Kleine Kapitäne auf großer Fahrt

an Spielplätzen in Westerland. Hier kann von der Villa Kunterbunt in das Südwäldchen oder an den Senwai gewechselt werden. Strandnahe Spielplätze befinden sich in Rantum am Sandwall, im Morsumer Kurpark, am Campingplatz von Wenningstedt oder am Lister Hafen.

Standort: verschiedene Inselorte • **Öffnungszeiten:** ganzjährlich • **Wie kommt man hin?** individuelle Anreise in die Inselorte

86. Erlebe die Strandidylle am Ellenbogen.

BESONDERE ORTE

Der nördlichste Punkt Deutschlands befindet sich am Ellenbogen erreicht. Die beiden Strände auf der nördlich von List gelegenen Halbinsel haben wenig gemein mit den belebten Badeplätzen in Westerland. Hier erlebt man das perfekte Kontrastprogramm: Ursprüngliche Natur, mit freier Sicht auf Leuchttürme, Reetdachhäuser und das nahe Dänemark. Wem der Inseltrubel einmal zu viel wird, der flieht genau hierher. Am Nordstrand lassen sich ausgedehnte Strandspaziergänge unternehmen. Die einzigen Lebewesen, denen man dabei begegnet sind nicht selten Vögel und Schafe. Einige aus angespültem Müll errichtete Skulpturen lassen über die steigende Verschmutzung der Meere nachdenken. Schwimmen ist am Nordstrand auf Grund der starken Strömung untersagt. Der Südstrand am Ellenbogen ist durch das Spiel der Gezeiten geprägt. Bei Flut kann man hier die Surfer bei ihren rasanten Manövern beobachten. Wer nicht nur an den Strand kommt, um zu baden, der ist an den ursprünglichen Stränden des Ellenbogens genau richtig. Inmitten des Naturschutzgebietes Schleswig-Holsteinisches Wattenmeer gelegen, müssen Pkw-Fahrer übrigens eine Gebühr von derzeit fünf Euro zahlen, um zum Ellenbogen zu gelangen. Für Radler und Fußgänger ist der Zugang zu einem der letzten Paradiese Deutschlands kostenlos.

Standort: List, nördlichster Punkt der Insel • **Öffnungszeiten:** 24 Stunden, täglich • **Wie kommt man hin?** Rundwanderweg ab Lister Hafen, Bus Nr. 1 bis List Hafen

KULTUR

87. Lausche der größten Orgel Nordfrieslands.

Das Keitumer Gotteshaus verdankt dem Bischof Severin von Köln seinen Namen. Auch der Standort der St. Severin Kirche, auf einer Erhebung außerhalb des Ortes, ist kein Zufall. Hier soll sich bereits in vorchristlicher Zeit ein Odinheiligtum befunden haben. Erstmals urkundlich erwähnt wurde das Gotteshaus im Jahre 1240. Nähere Untersuchungen haben bestätigt, dass der Dachstuhl bereits 1216 entstanden ist. Somit darf sich die Keitumer Kirche als ältestes Gotteshaus in Schleswig-Holstein bezeichnen. Trotz ihres Alters verfügt die Kirche über eine hervorragende Akustik, die sich bei den traditionellen Mittwochskonzerten erleben lässt. Dabei ist nicht selten die größte Orgel in Nordfriesland zu hören. Das Instrument umfasst 46 Register und stammt aus dem Jahre 1999. Weiterhin sehenswert ist der spätgotische Schnitzaltar, dessen Schöpfer unbekannt blieb. Die Kanzel ist eine Schenkung und entstand um 1580.

Strandidylle am Ellenbogen

Orgelwunder in der Kirche von Keitum

Ältestes Einrichtungsstück ist der vermutlich aus dem 12. Jahrhundert stammende Taufstein. Auch im Außenbereich hat die Kirche eine Besonderheit zu bieten. In die Westwand wurde ein gespaltener Findling eingemauert. Dieser soll an die Nonnen Ing und Dung erinnern, welche sich als Turmstifterinnen hervorgetan hatten. Mehr über die damit verbundene Sage wird bei den Kirchenführungen verraten, welche regelmäßig stattfinden.

Standort: Munkmarscher Chaussee, Keitum • **Öffnungszeiten:** täglich 10-16 Uhr • **Nähere Infos und Termine:** www.st-severin.de • **Wie kommt man hin?** Westerland, Keitumer Landstraße

BESONDERE ORTE

88. Triff die greisen Zwillinge von List.

Doppelt hält besser. Dies dachte man sich wohl auch auf dem Lister Ellenbogen und erbaute dort die beiden nördlichsten Leuchttürme Deutschlands. Auf den ersten Blick handelt es sich tatsächlich um eineiige Zwillinge. Bei näherer Betrachtung wird jedoch deutlich, dass der Leuchtturm Sylt-Ost seinen Bruder im Westen um mehr als zwei Meter überragt. Auch die rote Bauchbinde fehlt dem westlichen Leuchtfeuer. Verbunden sind die beiden Türme jedoch durch ihre gemeinsame Geschichte. Beide Leuchttürme gingen im Jahre 1858 in Betrieb. Der Schaft der Türme besteht aus gusseisernen Platten. Das Laternenhaus ist aus Stahl und besitzt ein Kupferdach. Die Orientierungsfeuer werden seit 1977 elektrisch mittels Fernsteuerung betrieben. Die Lichtkegel sind, im Vergleich mit anderen Leuchttürmen, weniger leistungsstark. Die Lister Zwillinge haben primär die Aufgabe, vor Untiefen entlang der Küstenlinie zu warnen. Die beiden Leuchttürme sind beliebte Fotomotive und bieten die Gelegenheit, bei einer Wanderung oder Radtour eine Rast einzulegen. Besichtigt werden können die Lister Leuchttürme nur von außen.

Standort: Ellenbogen, List • **Öffnungszeiten:** nicht öffentlich zugänglich • **Wie kommt man hin?** Westerland, Wenningstedt, Kampen; List, West- oder Oststrand

89. Finde in der Reetdachkirche St. Peter innere Ruhe.

Rantums Kirchen waren nicht für die Ewigkeit bestimmt. Entweder begrub der Dünensand die Gotteshäuser unter sich oder das Meer spülte sie weg. An der schmalsten Stelle der Insel hatte man eben kein leichtes Leben. Sechsmal wurde der Ort samt Kirche neu aufgebaut. In einem Protokoll ist zu lesen, dass die Kirche 1741 nur noch mit Stricken zusammengehalten werden konnte. Sechzig Jahre später, 1801, lag der Kircheneingang bereits unter Sand begraben und war somit unpassierbar geworden. Doch die Menschen ließen sich den Gottesdienst nicht nehmen und stiegen durch das Fenster in die Kirche ein. Im Sommer 1801 wurde die Rantumer Kirche schließlich jedoch für 25 Reichstaler an einen Schiffer versteigert. Dieser nutzte die Steine als Baumaterial und verschönte mit Altarteilen die Kajüte seines Schiffes. Ganze 136 Jahre musste Rantum nun ohne eigene Kirche auskommen. Beim Neubau der Kirche St. Peter im Jahre 1964 ging der Architekt Heinrich

Bartzen neue Wege. Das Gotteshaus entstand an sicherer Stelle, mitten im Ort, ist an die umliegende Architektur angepasst und erhielt, übrigens auf ausdrücklichen Wunsch der Einwohner, ein Reetdach. Die kleine Kirche ist damit die einzige Reetdachkirche der Insel und ein Ort, an dem man sich wohlfühlt und zu sich finden kann. Im Sommer ist die Veranstaltungsreihe »Orgel und Wort« zu einer schönen Tradition geworden. Im Entstehen ist derzeit der Kirchengarten, indem heimische Pflanzen zu bewundern sind.

Standort: Stiindeelke, Rantum • **Öffnungszeiten:** tgl. 10-18 Uhr • **Wie kommt man hin?** Westerland, Hörnumer Straße, Strandweg Bus Nr. 2 bis Rantum Mitte

FREIZEIT

90. Entspanne auf einem Waldspaziergang.

Wer denkt beim Thema Sylt nicht an das Meer, Wellen, endlose Sandstrände und Dünenlandschaften. In der Tat gab es bis zur Mitte des 19. Jahrhunderts auf der Insel kaum etwas anderes, schon gar keine Bäume oder gar zusammenhängende Waldgebiete. Heute ist es jedoch ohne Probleme möglich, den Strandkorb gegen die Wanderschuhe einzutauschen und durch Sylts Waldgebiete zu streifen. Vielleicht, um dem Sonnenbrand zu entgehen oder einfach, um etwas Ruhe zu finden. Das energische Projekt der Aufforstung auf Sylt geht auf Jürgen Jens Lornsen zurück. Dieser ließ im Jahre 1818 einen ersten Mischwald anlegen. Damals wurde der Rentner wahrscheinlich eher belächelt, doch die Bäume überlebten nicht nur ihn und seine Kritiker. Die

Eichen, Kiefern, Birken, Tannen und Lärchen wuchsen mit der Zeit zu einem ansehnlichen Waldgebiet heran. Heute kann Sylt auf eine 180 Hektar große Waldfläche verweisen. Besonders zu empfehlen ist ein Spaziergang durch den Friedrichshain bei Westerland. Langeweile wird dort auch nicht bei Kindern aufkommen, denn es wurde hier auch ein hübscher Waldspielplatz für die Jüngsten angelegt. Romantiker können auf den Bänken am Weiher Rast machen und auch das Café Waldidyll lädt zur Einkehr. Wer dort eine Stärkung zu sich nimmt, bekommt die Desserts übrigens gratis serviert.

Standort: Westerland • **Öffnungszeiten:** 24 Stunden, ganzjährlich • **Wie kommt man hin?** Wenningstedter Weg, Norderstraße, Stadtbus bis Waldstraße

Wald mit See statt Meer mit Strand

FREIZEIT

91. Flaniere auf der Strandpromenade von Westerland.

Wer in Westerland den Autoreisezug verlässt, kann gar nicht anders. Er spaziert die Friedrichstraße entlang und gelangt geradewegs auf die Strandpromenade, das Herzstück und den turbulenten Mittelpunkt von Westerland. Dies ist seit jeher feste Absicht der Stadtplaner. Schon im 19. Jahrhundert waren alle Wege auf die Promenade ausgerichtet. Wer auf der Strandpromenade ankommt, ist zugleich mittendrin im Geschehen, kann sich den Wind um die Nase wehen und seinen Blick auf das muntere Strandtreiben schweifen lassen. Die hier aufgestellten Strandkörbe sind Rückzugsort und Aussichtspunkt zugleich. Westerlands Promenade wird als ein Schnittpunkt zwischen Natur und Kultur verstanden. Bereits 1879 wurde ein Vorgänger der heutigen Musikmuschel in Betrieb genommen. Der Sommer wird von vielfältigen Konzerten begleitet. Die im Jahre 2004 modern ausgebaute Strandpromenade ist heute die beliebteste Flaniermeile der Insel und wird von Shops und Cafés gesäumt. Besucher haben den besten Blick auf die Nordsee und verpassen garantiert kein Event, welches direkt auf der Promenade oder am angrenzenden Brandenburger Strand über die Bühne geht.

Standort: Westerland • **Öffnungszeiten:** 24 Stunden, ganzjährlich • **Wie kommt man hin?** Westerland Bahnhof, Friedrichstraße, alle Busse bis ZOB oder Stadtmitte

92. Faulenze mit den Syltern am Petritag.

FREIZEIT

Wer beim Biikebrennen auf Sylt nicht allzu tief ins Glas geschaut hat, wird entspannt weiterfeiern können und zwar am Petritag, welcher traditionell auf das Biikebrennen folgt. Diesen Tag geht die Insel ganz entspannt an. Die Kinder bekommen an ihrem heimlichen Festtag sogar schulfrei, so dass einem fröhlichen Familientag nichts im Wege steht. Der Petritag verlief einst weniger locker, handelte es sich doch um einen alten Gerichtstag, an dem die Streitigkeiten der Walfänger geschlichtet wurden. Dies geschah unter Führung der Volksversammlung Thing und nach altem germanischen Recht. Als der Streit beigelegt war, soll man sich schon damals in fröhlicher Runde zusammengefunden haben. Heute wird an vielen Inselorten zum Petritanz eingeladen. Die Kinder bekommen dabei von den Eltern und Großeltern mit dem Petritag-Taler ein kleines Taschengeld spendiert, welches sie begeistert unter das Volk bringen. In den Grundschulen in List oder Tinnum haben die Kleinen zum Petritanz ein Programm einstudiert. Am Abend darf dann in Wenningstedt oder Westerland auch bei den Großen das Tanzbein geschwungen werden.

Standort: verschiedene Inselorte • **Termin:** 22. Februar • **Wie kommt man hin?** individuelle Anreise in die Inselorte

FREIZEIT

93. Genieße das pralle Strandleben in Westerland.

In Westerland befindet sich der Hauptstrand der Insel. Hier pulsiert das Leben. »Sehen und Gesehen werden« lautet das Motto. Die Friedrichstraße führt direkt hin zur breiten Strandpromenade. Hier muss man einfach flanieren und den besten Blick auf das Meer erhaschen. In den Abendstunden bietet die Strandpromenade die Bühne für romantische Sonnenuntergänge. Seemannslieder, Schlager oder Klassik lassen sich aus der Musikmuschel vernehmen. Am Strand sollten die Strandkörbe frühzeitig gebucht werden. Familien und Sportbegeisterte nutzen den Brandenburger Strand für die verschiedensten Aktivitäten. Die Kinder können am breiten Strand ungehindert Sandburgen bauen. Spannende Beach-Volleyball oder Beach-Soccer Turniere treiben den Beteiligten Schweißperlen auf die Stirn. Der Strand von Westerland bietet täglich ein Aktivprogramm der Superlative und ist Austragungsort zahlreicher Events, vom rasanten Windsurf-Cup bis zum stimmungsvollen Weinfest. Der gesamte Strandbereich ist überwacht und barrierefrei zugänglich. Zwischen Juli und August ist der »Fun-Beach« geöffnet. Hier stehen täglich spannende Wettbewerbe an und verschiedene Sportgeräte können ausgeliehen werden.

Standort: Westerland • **Öffnungszeiten:** täglich • **Wie kommt man hin?** Bahnhof Westerland, Friedrichstraße, Strandpromenade, alle Busse bis ZOB oder Stadtmitte

Das pralle Strandleben auf Westerland

ABENTEUER

94. Erlebe beim Meeresleuchten dein blaues Wunder.

Wunder gibt es immer wieder. Auf Sylt sogar mehrmals pro Jahr und jeder kann hautnah dabei sein, ohne dafür auch nur einen Cent ausgeben zu müssen. Ein Bad im Meer ist bereits in tolles Erlebnis für sich. An einigen Tagen im Jahr passiert mit der Nordsee jedoch etwas ganz Besonderes. Wenn Wind, Strömung und Temperatur passen, lässt sich nachts das sogenannte Meeresleuchten beobachten. Dann leuchten die Wellen in einem fluoreszierenden Blau. Magisch. Der Termin des Meeresleuchtens lässt sich leider nicht genau voraussagen, liegt aber meist zwischen Mai und August, also durchaus in der Hauptreisezeit. Ist das Meer auch bei Tage ganz besonders ruhig und zeichnet sich eine hohe Konzentration an Einzellern im Wasser ab (als rosafarbene gallertartige Masse zu erkennen), dann stehen die Chancen gut, dieses Wunder zu erleben. Wenn die Mikro-Organismen

Naturspektakel: das Meeresleuchten

zu leuchten beginnen, liegt ein Zauber über dem Meer. Wer nun ins Wasser geht, dessen Körper scheint von unzähligen Lichtpunkten umhüllt. Auch trockenen Fußes lässt sich dieses Phänomen natürlich beobachten.

Standort: Strände der Insel • **Termin:** einige Tage im Jahr, meist Mai bis August • **Wie kommt man hin?** individuelle Anreise über die einzelnen Inselorte

95. Grusel dich in den Raunächten auf Sylt.

LAND & LEUTE

Zum Jahresausklang wird auf Sylt nicht nur kräftig gefeiert, es kann auch ganz schön gruselig werden. In den Raunächten gehen die Geister um. Was vorwiegend aus dem Alpenraum bekannt ist, hat auch in Friesland schon für so manche Gänsehaut gesorgt. Was man in Süddeutschland und Österreich als Perchtenläufe kennt, nennt sich in Friesland Rummelpott. So kann es gut und gern passieren, dass sich am Silvesterabend und zwischen den Jahren vermummte Gestalten Lärm schlagend von Haus zu Haus bewegen. Als Rummelpott dient dabei ein Gefäß, welches häufig mit einer Schweinsblase bespannt wird. Die verkleideten Kinder und Erwachsenen schlagen nicht nur Lärm, sie lassen auch das plattdeutsche Rummelpottlied erklingen. Besonders im Sylter Osten kann man in den Raunächten auf Rummelpottläufer treffen. Diese lassen sich übrigens gern mit Süßigkeiten oder auch Hochprozentigem beschenken. Eine weitere, allerdings weniger gruselige Tradition ist der Alljahresumritt. Schon im 18. Jahrhundert war es Brauch, von Haus zu Haus zu reiten und um einen Satteltrunk zu bitten. Bis zu acht Stunden sitzen die Reiter und Reiterinnen tapfer im Sattel, steuern auf der Insel bis zu 50 Stationen an und scheuen sich nicht, auf einen Friesentee eingeladen zu werden.

Standort: Sylter Osten • **Termin:** um die Jahreswende • **Wie kommt man hin?** individuelle Anreise über die einzelnen Inselorte

LAND & LEUTE

96. Koste den salzigen Nordseewind.

So schnell wie sich das Wetter auf Sylt ändert, so variantenreich ist auch der Wind, der eigentlich immer auf der Insel weht. Im Jahr gibt es meist nur drei bis vier Tage mit absoluter Windstille. In der Regel weht der Wind über Sylt aus westlicher Richtung. Mal ist es nur eine leichte Brise, mal eine steife Brise und hin und wieder auch ein ausgemachter Sturm. Starker Wind hat für das Wetter jedoch nicht nur Nachteile, vertreibt er doch auch Wolken am Himmel und sorgt so dafür, dass auf Sylt häufiger die Sonne scheint, als beispielsweise in Hamburg. Auf ganze 200 Sonnenstunden mehr bringt es die Insel gegenüber der Millionenmetropole. Das Besondere am Sylter Wind ist jedoch sein deutlich salziger Geschmack. Verantwortlich dafür ist die Brandung vor der Insel. Die entsteht, wenn Wellen über flaches Wasser getrieben werden und brechen. Gischt entsteht, reichert die Luft mit Salzwasser an, das vom Wind Richtung Ufer getragen wird. Direkt an der Brandungszone am Strand ist die Salzkonzentration in der Luft am höchsten. Es reicht sich ans Wasser zu stellen, und eine halbe

Die Brandung sorgt für Salz in der Luft

Minute lang durch den Mund ein- und die Nase auszuatmen. Schon schmeckt man das Salz im Nordseewind. Etwa zwanzig Meter vom Ufer entfernt ist der Wind bereits sehr viel weniger salzig, da sich die Wassertropfen bereits gesetzt haben. Für die Atemwege ist das sogenannte Reizklima das Beste, was ihnen passieren kann. Schleimhäute und Bronchien werden besser durchblutet und das Salz hemmt Entzündungen und hilft so Atemwegserkrankungen zu lindern.

FAMILIE

97. Erlebe einen Familientag am Strandabschnitt Sansibar.

Von Samoa nach Sansibar ist es auf Sylt nur ein kurzer Fußmarsch. Wer nach Rantum kommt, wird vermutlich auch die Sansibar ansteuern. Die Kultbar im Zeichen der weithin bekannten gekreuzten Säbel ist längst nicht nur Ziel von Promis oder anderen Gutbetuchten. Das Lokal ist ausgesprochen unkonventionell und kinderfreundlich. Man kommt dort wunderbar mit Leuten ins Gespräch und wenn die Tische voll sind, kommt die Bedienung auch schonmal bis an die Treppenstufen, die zum Lokal führen. Mit einer Portion Kaiserschmarrn bekommt man hier übrigens beinahe die ganze Familie

Entspannen in der Nähe der Sansibar

satt. Ab 10.30 Uhr ist geöffnet, wann geschlossen wird, bestimmen die Gäste. Der Strand liegt etwas im Schatten der Sansibar, ist aber wie geschaffen für Familien mit Kindern. Hier findet garantiert jeder ein Plätzchen. Auch der Familienhund darf durch den Sand toben. Der Sand ist zudem wunderbar weiß und, eingebettet in die Dünen, extra romantisch. Nicht selten lässt sich hier sogar ein Strandkorb noch kostenlos ergattern. Es spricht nichts dagegen, einen ganzen Tag zwischen Dünen und Heidekraut zu verweilen. Und der Sonnenuntergang ist einer der schönsten der Insel.

Standort: Rantum • **Öffnungszeiten:** 24 Stunden, ganzjährlich • **Wie kommt man hin?** Westerland, Inselstraße in Richtung Süden, Bus Nr. 2 bis Rantum

98. Entdecke einen Schweinswal im Meer.

ABENTEUER

Da lässt man ahnungslos den Blick über die Nordseewellen schweifen und entdeckt plötzlich: eine kleine schwarze Flosse, die aus dem Wasser ragt. Haialarm auf Sylt? Nein, bei dem gesichteten Tier handelt es sich um einen der zirka 6000 Wale, genauer gesagt Schweinswale, die zwischen anderthalb und zwei Meter groß werden und vor der Westküste Sylts leben. Die harmlosen Wale sind auch als Kleiner Tümmler, Meerschwein oder Braunfisch bekannt. Vor Sylt gibt es das größte Vorkommen der 50-60 Kilogramm schweren Tiere, die sich bei schönem Wetter gerne auch in der Nähe der Strände aufhalten und selbst die Nähe von neugierigen Badegästen nicht scheuen. Vorausgesetzt, diese nähern sich den

Schweinswal vor der Sylter Küste

Walen mit Ruhe und ohne hektische Bewegungen. Vor allem in den Sommermonaten lassen sich die Schweinswale gut beobachten. Im Walschutzgebiet des Sylter Nationalparks sind sie das ganze Jahr über anzufinden. Dann lohnt es sich, ein Fernglas mit auf die Wanderung zu nehmen, durch das man die Wale beobachten kann. Stelen entlang des Walschutzgebietes halten Informationen über die Tiere bereit

Standort: Sylter Westküste • **Termin:** beste Beobachtungszeit sind das Früjahr und der Sommer • **Wie kommt man hin?** Individuelle Anreise über die Inselorte

99. Erlebe großartige Konzerte in der Musikmuschel.

KULTUR

Mit den ersten Badegästen am Strand von Westerland erwacht auch die Musikmuschel zum Leben. Der Sommer wird begleitet von vielfältigen Konzerten, welche vor der Kulisse der Nordsee zu einem Klangerlebnis für alle Sinne werden. Zwischen Mai und Oktober erwartet Urlauber und Einheimische ein prall gefüllter Veranstaltungskalender. Beinahe täglich geht ein Konzert über die Bühne. Bereits seit den 1880er Jahren finden in Westerland regelmäßig Kurkonzerte statt. An der Kulisse hat sich dabei wenig geändert. Die Musik dagegen schon. Mittlerweile ist für jeden Geschmack etwas dabei: Von Klassik bis Schlager sind alle Musikrichtungen vertreten. Dabei gibt es einige feste Größen im Eventkalender. Dazu zählt natürlich der Sylter Shanty

Musikmuschel: tolle Konzerte umsonst

Chor, welcher mit seinen Liedern von Meer und Wind in der altehrwürdigen Musikmuschel ein Heimspiel feiert. Im August erreicht die Veranstaltungsreihe mit der Sylter Gospelnacht und den Arien am Meer ihren Höhepunkt. Ein Geheimtipp für Romantiker sind vor allem die abendlichen Konzerte in der Musikmuschel. Mit Sonnenuntergangstimmung inklusive.

Standort: Musikmuschel, Strandpromenade Westerland • **Termin:** Mai bis Oktober • **Weitere Infos und Termine:** www.insel-sylt.de/musik-am-meer • **Wie kommt man hin?** Bahnhof, Friedrichstraße, Strandpromenade, ZOB

LAND & LEUTE

100. Mach einen Angler mit Wattwürmern glücklich.

Eine Wattwanderung gehört zum Pflichtprogramm auf Sylt. Wer sie unternimmt, stolpert über kurz oder lang auch über die in der ganzen Nordsee verbreiteten Wattwürmer. Wo genau sich deren Wohnröhren befinden, verraten kleine Spaghettihaufen im Sand. Dabei handelt es sich um die Ausscheidungen des finderdicken Wurms. Gräbt man an diesen Häufchen nach Würmern, wird man garantiert fündig. Dass es sich bei den Wattwürmern um eine kleine Kostbarkeit handelt, wissen jedoch nur die wenigsten. Angler schwören auf den Wurm als Köder. Wattwürmer haben einen bestimmten Geruch, der Fische sogar aus größerer Entfernung anzieht. Beim Brandungsangeln sind Wattwürmer Pflicht, wenn man auf Schollen, Makrelen oder Hornhecht aus ist. Wer nun mit seinen gefundenen Wattwürmern einen Angler, die man zu späterer Stunde überall auf der Insel sieht, glücklich machen will, benötigt dafür nichts weiter als Zeitungspapier. Darin eingewickelt, halten sich die Würmer nämlich bis zu drei Tage. Und vielleicht lässt der Angler ja sogar einen bereits gefangenen Fisch für das Ködergeschenk springen.

101. Picknicke am nördlichsten Weinberg Deutschlands.

FREIZEIT

Meer, Wind, Fisch, Robben – all das gehört zu Sylt, aber Wein? In der Tat finden sich wenig historische Spuren, die auf eine besondere Verbindung der Insulaner mit

Glückliche Angler dank Wattwürmern

dem Rebensaft verweisen. Einst wurde auf der Insel bevorzugt Honigwein getrunken, auch Bier brauten die Einheimischen selbst und der Friesentee wird ebenso geliebt wie Kaffee. Wie eine Schnapsidee klang es dagegen, als Balthasar Ress, Winzer aus dem Rheingau, in Keitum 1.600 Rebstöcke anpflanzte und damit den nördlichsten Weinberg Deutschlands in Betrieb nahm. Doch der erfahrene Weinbauer hatte triftige Gründe, scheint auf Sylt die Sonne doch statistisch häufiger als im Rheingau. Weiterhin entschied er sich mit Solaris und Rivaner für frühreife Rebsorten, die auf Sylt ideale Bedingungen erwarteten. Seit 2009 gedeihen die Reben auf dem lehmigen Sandboden und im Jahre 2014 wurden die ersten Flaschen Sylter Wein abgefüllt. Der jährliche Ertrag liegt bei etwa 600 Flaschen. Der Wein wird auf der Insel gepresst und vergärt. Die Vinifizierung erfolgt im Rheingau. Für die Weine müssen Preise im zweistelligen Bereich gezahlt werden. Der Weinberg befindet sich am Ortsrand Keitums, unweit der Dorfkirche. Dort kann man wunderbar eintauchen in diese ganz besondere Inselromantik, vielleicht bei einem Picknick bei Sonnenuntergang mit Blick auf das Wattenmeer. Außerdem informiert eine Schautafel über den mit viel Enthusiasmus und Leidenschaft gepflegten und gehegten Rebhang am Meer.

Standort: Munkmarscher Chaussee, Keitum • **Öffnungszeiten:** ganzjährlich • **Weitere Infos und Termine:** www.sylterwein.com • **Wie kommt man hin?** von Westerland über die Keitumer Landstraße, Bus Nr. 3 bis Kirche Keitum

Romantik pur: Picknick am Weinberg

Bildverzeichnis

S. 12 © Ralf Roletschek / roletschek.at; Wikimedia Commons (CC BY-SA 3.0), S. 13 www.pixabay.de (CC 0), S. 15 www.pixabay.de (CC 0), S. 16 www.pixabay.de (CC 0), S. 17 © Dr. Hans-Günther Bernstein; Wikimedia Commons (CC BY-SA 4.0), S. 21 www.pixabay.de (CC 0), S. 25 www.pixabay.de (CC 0), S. 27 © Falco Ermert / www.flickr.com (CC BY 2.0), S. 30 © Isbell24; Wikimedia Commons (CC BY-SA 4.0), S. 33 www.pixabay.de (CC 0), S. 34 www.pixabay.de (CC 0), S. 38 www.pixabay.de (CC 0), S. 41 www.pixabay.de (CC 0), S. 44 © Ralf Roletschek / roletschek.at; Wikimedia Commons (CC BY-SA 3.0), S. 46 www.pixabay.de (CC 0), S. 48 www.pixabay.de (CC 0), S. 52 © Wusel007; Wikimedia Commons (CC BY-SA 3.0), S. 54 www.pixabay.de (CC 0), S. 57 oben www.pixabay.de (CC 0), S. 57 unten © Jürgen Tap / HOCH ZWEI, S. 62 oben © Michael Gäbler; Wikimedia Commons (CC BY-SA 3.0), S. 62 unten www.pixabay.de (CC 0), S. 67 www.pixabay.de (CC 0), S. 69 www.pixabay.de (CC 0), S. 73 www.pixabay.de (CC 0), S. 74 © Maike Belbe / Sylt Marketing, S. 79 oben © dronepicr; Wikimedia Commons (CC BY-SA 2.0), S. 79 unten www.pixabay.de (CC 0), S. 80 www.pixabay.de (CC 0), S. 82 oben www.pixabay.de (CC 0), S. 82 unten www.pixabay.de (CC 0), S. 85 www.pixabay.de (CC 0), S. 87 oben www.pixabay.de (CC 0), S. 87 unten © temporalata, www.flickr.com (CC BY-SA 2.0), S. 91 www.pixabay.de (CC 0), S. 94 © Cdling; Wikimedia Commons (CC BY-SA 3.0), S. 97 © Jörg Braukmann; Wikimedia Commons (CC BY-SA 4.0), S. 98 www.pixabay.de (CC 0), S. 104 www.pixabay.de (CC 0), S. 107 oben www.pixabay.de (CC 0), S. 107 unten www.pixabay.de (CC 0), S. 111 © Sylt Marketing l GCS, S. 114 www.pixabay.de (CC 0), S. 119 www.pixabay.de (CC 0), S. 120 www.pixabay.de (CC 0), S. 123 oben www.pixabay.de (CC 0), S. 123 unten www.pixabay.de (CC 0), S. 127 © Christian Thiessen, www.flickr.com (CC BY-SA 2.0), S. 131 © Lars Goldenbogen, www.flickr.com (CC BY-SA 2.0), S. 132 © Sylt Marketing l Reik Raschke, S. 135 www.pixabay.de (CC 0), S. 136 www.pixabay.de (CC 0), S. 138 www.pixabay.de (CC 0),S. 140 © Bin im Garten; Wikimedia Commons (CC BY-SA 3.0), S. 141 www.pixabay.de (CC 0), S. 143 www.pixabay.de (CC 0)